LES ÉTATS UNIS D'AMÉRIQUE

ET LA COLOMBIE

PARIS

LES ÉTATS-UNIS D'AMÉRIQUE
ET LA COLOMBIE

J.-A. HOYOS

Docteur en droit de la Faculté de Bogota
Diplômé de l'École des sciences politiques de Paris
Ancien chancelier de la Légation de Colombie en France

LES ÉTATS-UNIS D'AMÉRIQUE

ET LA COLOMBIE

PARIS

A. PEDONE, ÉDITEUR

13, RUE SOUFFLOT

1918

AVANT-PROPOS

La grande importance qu'ont aujourd'hui dans le
monde les Etats-Unis d'Amérique, et le brillant
avenir réservé aux républiques de l'Amérique du
Sud, qui commencent à peine à se développer,
rendent, nous semble-t-il, extrêmement intéressant
tout ce qui se rattache aux relations de la grande
république du Nord avec les jeunes démocraties
latines.

La Colombie, par sa situation géographique qui la
rend propriétaire de l'isthme de Panama, devait
nécessairement se trouver dès le commencement du
xixe siècle, en face de la seule nation américaine
qui, par sa puissance et ses ressources, voulait et
pouvait réaliser l'œuvre grandiose de percer le
canal : les Etats-Unis.

Nous allons étudier les relations de ces deux pays
depuis l'indépendance de la Colombie en 1819 jusqu'à nos jours, et surtout en ce qui concerne l'œuvre
du canal de Panama.

Nous croyons que l'attitude de la Colombie a été

Y.-A. Hoyos   1

injustement appréciée, ou plutôt peu connue en France ; nous serions heureux de pouvoir apporter un peu de lumière à la question encore débattue entre les deux pays.

Pour procéder avec ordre et clarté, nous diviserons notre étude en trois parties : la première sera consacrée aux relations des États-Unis et de la Colombie de 1819 à 1901, date de la signature du traité Hay-Pauncefote ; dans la seconde nous verrons le cours des négociations entre les deux pays de 1901 à 1904 ; cette période de quatre années seulement sera la plus importante de notre étude parce que nous prétendons faire bien comprendre le point de vue colombien dans la non-approbation du traité Herrán-Hay, soi-disant cause de la révolution du département de Panama. La troisième partie comprendra l'étude de ces relations de 1904 à ce jour.

LES ÉTATS-UNIS D'AMÉRIQUE
ET LA COLOMBIE

PREMIÈRE PARTIE

I

L'INDÉPENDANCE DE LA COLOMBIE RECONNUE PAR LES ÉTATS-UNIS

Aussitôt que Bolivar fut vainqueur des Espagnols à la bataille de Boyacá (7 août 1819), il s'empressa de nommer un agent diplomatique aux Etats-Unis pour y travailler à faire reconnaître l'indépendance de la Colombie par le gouvernement américain. Manuel Torres fut choisi pour cette délicate mission et le 18 juin 1822 il était reçu par le cabinet de Washington comme chargé d'Affaires de Colombie près le gouvernement de l'Union.

En lisant la correspondance échangée entre lui et le secrétaire d'Etat de Colombie (1), l'on voit les efforts de Torres, l'intelligence et l'activité qu'il déploya pour faire reconnaître l'indépendance de

1. Cadena, *Anales diplomáticos*, p. 97 à 150 : Bogotá, 1878.

de la Colombie par le gouvernement de Monroë. Il était reçu souvent à Washington par le secrétaire d'État Jhon Quincy Adams et, dans ses entretiens avec le futur président de l'Union, il le trouvait plutôt froid et réservé. Adams n'était pas en principe, ennemi de l'émancipation des anciennes colonies espagnoles, mais il avait une conception trop absolue de la neutralité et il ne voulait en quoi que ce soit se compromettre avec le gouvernement de Madrid qui avait été plein de bon vouloir à son égard dans l'affaire de la Florida. Heureusement pour la cause de la Colombie, Torrès trouva deux précieux alliés en MM. Henry Clay, président de la Chambre des Représentants, et Guillaume Doane, directeur de l'*Aurore* de Philadephie (1).

D'un autre côté les succès de Bolivar et de ses principaux généraux qui infligèrent d'importantes défaites aux armées espagnoles à Carabobo, Cartagena, Cúmana et Pichincha, affirmèrent davantage le droit de la Colombie à être admise dans la société des nations comme état souverain, libre et indépendant. Le président Monroë se décida, et en 1822 l'indépendance de la Colombie était reconnue officiellement par le gouvernement américain; l'année suivante son premier représentant diplomatique était envoyé à Bogota.

---

1. Le Congrès colombien de Cucuta de 1821 vota des adresses de remerciement à Clay et Doane pour leurs services rendus à la cause de l'émancipation colombienne.

II

LE MESSAGE DE 1823 (1)

Le 2 décembre 1823 le président Monroë adressait au Congrès des Etats-Unis un message dans lequel il rendait compte des affaires intérieures et extérieures de l'Union ; trois paragraphes seulement avaient trait aux affaires extérieures, le 7e, le 48e et le 49e. Ces trois paragraphes constituent ce qu'on a appelé la *Doctrine de Monroë*.

Dans le premier, parlant des prétentions coloniales de la Russie sur la partie nord-ouest de l'Amérique, Monroë affirme comme principe touchant aux droits et intérêts des Etats-Unis *que les continents améri- cains, par la libre et indépendante condition qu'ils ont acquise et qu'ils maintiennent, ne sont plus désor- mais considérés comme sujets à une colonisation dans l'avenir de la part d'une puissance européenne quelconque.*

Dans les paragraphes 48 et 49 le président s'attaque

1. Pétin, *les Etats-Unis et la doctrine de Monroë*. Paris 1900.

aux prétentions de la Sainte-Alliance de rétablir dans les anciennes colonies espagnoles la forme du gouvernement monarchique. Il y dit notamment : *Le système politique des pouvoirs alliés est essentiellement différent de celui de l'Amérique... Nous devons par conséquent déclarer que nous considérerions toute tentative de leur part pour étendre leur système politique, sur quelque partie que ce soit de cet hémisphère, comme dangereuse pour notre paix et notre sécurité... Et plus loin ;... vis-à-vis des gouvernements qui ont déclaré leur indépendance, qui la maintiennent et dont nous avons reconnu l'indépendance pour de sérieux motifs et d'après des principes équitables, nous ne consentirons jamais à ce qu'il se produise une intervention dans le but de les opprimer ou de contrôler d'un façon quelconque leur destinée de la part de n'importe quelle puissance européenne, sans y voir la manifestation d'une disposition hostile à l'égard des États-Unis... Il est impossible aux puissances alliées d'étendre leur système politique à une partie quelconque de ce continent sans porter atteinte à notre paix et à notre bonheur ; pas plus qu'on ne peut croire que nos frères du sud, abandonnés à eux-mêmes, accepteraient de leur propre mouvement l'intervention d'une puissance.*

On voit bien par ces lignes du message que, dans le premier paragraphe, Monroë s'oppose aux prétentions russes et anglaises sur une partie du terri-

toire de l'Union ; et, dans les deuxième et troisième
paragraphes, il répond à la Sainte-Alliance qui
menace d'intervenir entre l'Espagne et ses colonies
révoltées. On pourrait dire que dans le § 7 il défend
le patrimoine territorial de son pays, le sol des
Etats-Unis ; et dans les §§ 48 et 49 le patrimoine
moral de la Grande République, c'est-à-dire les
idées libérales et démocratiques contre le système
préconisé par la Sainte-Alliance. Dans le premier il
défend les Etats-Unis, dans le second et le troisième
l'Amérique toute entière.

Il semble que Monroë comprenant la transcen-
dance et la gravité de la question, a tenu avant
d'écrire son message à connaître l'opinion de Jefferson et Madison, ses prédécesseurs dans la Présidence
de l'Union. Tous les deux, dans leurs réponses, ont
été d'accord sur le devoir pour le gouvernement des
Etats-Unis de proclamer devant le monde et d'une
manière solennelle le droit de s'opposer à toute
intervention de l'Europe dans les choses d'Amérique (1).

La manière dont le message de Monroë fut reçu en
Europe et surtout l'approbation qu'il eut du ministre
anglais Canning, fut pour les révolutionnaires de
l'Amérique espagnole un grand réconfort qui encou-
ragea en eux les plus heureux espoirs dans la com-

1. Voir les deux lettres dans Barclay, *la Doctrine de Monroë
et le Vénézuela* (*R. D. I.*, p. 507-508, XXVIII).

plète réussite de leur entreprise. Il est vrai que
l'Espagne protesta, mais, l'année suivante, elle était
définitivement vaincue à la bataille d'Ayacucho par
Sucre, un des premiers lieutenants du Libérateur.

Bolivar vit dans la déclaration de Monroë une
espérance de plus pour la réalisation du plan qu'il
avait conçu depuis longtemps d'opposer une vaste
fédération américaine à la Sainte-Alliance et aux
dangereux principes d'intervention adoptés par
les cabinets européens. Malheureusement les faits
devaient aller à l'encontre des prévisions ; nous le
verrons en parlant du Congrès de Panama.

Nous ne prétendons pas examiner dans cette étude
si la déclaration de Monroë doit être considérée
comme une véritable doctrine de droit international
ou plutôt comme un principe politique américain.
Cela nous entraînerait trop loin et serait sujet à de
longues digressions.

Est-ce que le principe de Monroë, comme on l'a
dit bien des fois, signifiait simplement « que l'Amérique était aux Américains », ou est-ce que dans son
application, et à plusieurs reprises, ce principe a
voulu dire plutôt « L'Amérique aux Américains du
Nord ?... » L'étude des applications de la doctrine de
Monroë dès son origine jusqu'à nos jours, nous
montre que si à certains moments elle a été une
sauvegarde de grande valeur pour les pays latins
d'Amérique, comme dans le cas de l'intervention

française au Mexique en 1868, dans celui du conflit
anglo-vénézuélien en 1895 ou quand les Etats-Unis
ont aidé Cuba à obtenir son indépendance, ce principe a été aussi à maintes reprises une arme de conquête dans les mains du gouvernement américain,
un prétexte pour accomplir les plus odieuses spolia-
tions ! Les affaires du Texas et de Panama, entre
autres, sont bien connues !

Malgré l'énorme injustice commise par les Etats-
Unis avec la Colombie en 1903, nous, citoyens libres
de ce pays, croyons un devoir d'honnêteté de dire
que, à notre avis, le principe de Monroë a été en
général une garantie, une précieuse sauvegarde
pour l'indépendance des républiques latines d'Amérique. Sans le respect, sans la peur des Etats-Unis,
il y a longtemps que plusieurs de ces faibles républiques auraient été occupées et conquises par certaines puissances européennes de proie qui ont senti
le besoin d'avoir des colonies quand déjà toute l'A-
frique et l'Océanie étaient occupées par d'autres
puissances ! Et nous croyons sincèrement que notre
sentiment est celui de la plupart des Hispano-Amé-
ricains.

III

LE CONGRÈS DE PANAMA (1)

L'œuvre de l'émancipation était à peine accomplie
dans l'Amérique espagnole par la défaite des armées
royalistes qu'un grand malaise, un état chronique
d'anarchie se faisait déjà sentir dans ces pays. Et
cela était très naturel : asservis pendant trois siècles
par une domination tyrannique, sans aucune prépa-
ration pour la vie publique, avec des masses igno-
rantes chez lesquelles se manifestaient très souvent
des rivalités et des haines de race et de caste, les
anciennes colonies espagnoles étaient un champ tout
indiqué pour le heurt et la mêlée des passions et des
ambitions les plus opposées. Les militaires, qui pendant la glorieuse épopée, avaient bien mérité des
peuples par leur héroïsme, leur abnégation et leurs
sacrifices dans la lutte, étalaient aussi très souvent
des prétentions excessives. Les ambitions des uns,
le mécontentement des autres, la diversité et la con-
trariété de leurs opinions sur la manière dont on

1. Pedro A. Zubieta, *Congresos de Panama y Tacubaya*. Bogota, 1912.

devrait constituer les nouvelles nations et sur la forme du gouvernement à choisir, tout cela partagea les esprits en partis, en sectes opposées et irréconciliables, qui très souvent ensanglantèrent le sol américain avec de malheureuses querelles intestines.

Depuis le Mexique jusqu'à la Plata on pouvait remarquer l'instabilité comme le défaut cardinal des institutions des peuples américains. Il n'existait pas encore de Constitution au Mexique en 1822 et on discutait si le pays devait se constituer en république ou en monarchie. Iturbide se faisait proclamer empereur en mai 1822, mais en 1824 il était détrôné par une révolution et fusillé à Padilla comme traître à sa Patrie. Dans la République de l'Amérique centrale l'anarchie et la guerre civile régnèrent en maîtresses. Au Paraguay le fameux dictateur Francia allait jusqu'à offrir au gouvernement espagnol de livrer de nouveau le pays à sa domination, moyennant certains avantages. A Buenos-Ayres le gouvernement, qui s'était engagé dans une guerre avec le Brésil pour la possession de l'Uruguay, était obligé de laisser le pouvoir dans les mains d'un Conseil de Ministres, faute de troupes et d'argent. Même le Chili, pays qui depuis 1830 s'est fait remarquer parmi les autres peuples de l'Amérique espagnole comme le plus sérieux par l'absence de guerres civiles et par la stabilité de ses institutions démocratiques, était alors en proie aux troubles et à la révolte. Au dire d'un écrivain notoire

le Chili n'avait pas pu jusqu'en 1826 se constituer
convenablement ; il avait été tellement épuisé par les
discordes intestines dans cette courte période de son
histoire, qu'il a failli disparaître comme nation, mor-
celé par la sécession.

Bolivar voyait cet état général d'agitation et d'a-
narchie comme un très grave danger pour les jeunes
républiques, danger qui ne faisait que croître avec
les prétentions de l'Espagne soutenue par la Sainte-
Alliance. Son génie clairvoyant rêvait depuis longtemps d'une vaste fédération des États indépendants
d'Amérique comme le moyen le plus sûr pour se
défendre des convoitises européennes. Il avait senti
quelles difficultés il y aurait pour maintenir son
œuvre sans l'union des peuples américains et, dès
1822, il pensait réunir une assemblée de plénipotentiaires qui, dans sa pensée, « aurait pu servir
de conseil dans les grands troubles, de point de ral-
liement dans les dangers communs, d'interprète
fidèle des traités publics s'il s'élevait des difficultés,
et enfin d'arbitre dans nos différends » (1) Toujours
dominé par l'idée de l'union, il avait réussi à former,
au Congrès d'Angostura de 1819, la république de
Colombie de l'Union de la Nouvelle-Grenade et du
Venezuela. Dans le même but, la Colombie avait
déjà signé plusieurs traités d'alliance offensive et

---

1. Deberle, *Histoire de l'Amérique du Sud*, p. 117.

défensive, avec le Pérou (traité Mosquera-Montea-
gudo du 6 juillet 1822), le Chili (21 octobre 1822),
Buenos-Ayres (traité Mosquera-Rivadivia du 8 mars
1823) et le Mexique (traité Santamaria-Alaman du
3 octobre 1823) (1).

Quand Bolivar eut connu le fameux message de
Monroe, il y vit le meilleur appui pour la réalisation
de son plan, si longtemps caressé. Quel meilleur
moyen, vraiment, pour les jeunes républiques de
combattre les prétentions de la Sainte-Alliance, que
de se présenter toutes unies dans une Assemblée
internationale, avec l'appui de l'État le plus puissant
de l'Amérique et adoptant comme base de leur droit
public le message de 1823?

Fort de ces espérances et presque sûr d'être secon-
dé par le gouvernement des États-Unis flatté dans
son orgueil de voir ses conseils suivis, Bolivar voulut
exécuter son grand dessein. Le 7 décembre 1824, il
adressa de Lima une circulaire aux gouvernements
l'Amérique les invitant à la Conférence. Voici quelques extraits de cette mémorable circulaire.

« Après quinze ans de sacrifices consacrés à la liberté de l'Amérique pour obtenir un système de garan-
ties qui, en paix et en guerre, soit comme le bouclier
de notre nouvelle destinée, le jour est enfin arrivé ou
les Républiques américaines autrefois colonies espa-

____

1. Voir ces traités dans Cadena, *Anales diplomáticos de Colombia,* pp. 297, 311, 320 et 271.

gnoles, doivent avoir dans leurs intérêts et relations,
une base fondamentale qui fasse éternelle, si possible, la durée de ces Gouvernements ».

« Il appartient à une autorité suprême qui dirige
la politique de nos gouvernements, d'établir ce système et de consolider le pouvoir de ce grand corps
politique, autorité dont l'influence puisse maintenir
l'uniformité de ses principes et dont le nom suffise à
calmer nos tempêtes. Une si haute autorité ne peut
exister que dans une Assemblée de Plénipotentiaires
nommés par chacune de nos Républiques et réunis
sous les auspices de la victoire obtenue par nos armes
contre la puissance de l'Espagne ». La circulaire
finit en ces termes : « Le jour où nos plénipotentiaires se seront communiqué leurs pleins pouvoirs
sera une date immortelle dans l'histoire diplomatique
de l'Amérique. Quand la postérité après plusieurs
siècles cherchera l'origine de notre Droit public en se
souvenant des pactes qui ont consolidé sa destinée,
elle enregistrera avec respect le protocole de l'isthme.
Elle y trouvera le plan de nos premières alliances
qui auront marqué la marche de nos relations avec
l'Univers. Que sera alors l'isthme de Corinthe com-
paré à celui de Panama ? (1) »

Le Congrès se réunit à Panama le 22 juin 1826
avec les plénipotentiaires de la Colombie, du Pérou,

-----

1. Zubieta, *Tratados de Panamá y Tacubaya*, p. 13 à 16.

de l'Amérique centrale et du Mexique, les seuls gouvernements qui envoyèrent leurs représentants. Ces
plénipotentiaires étaient pour la Colombie : Pedro
Gual et Pedro Briceno Mendez ; pour le Pérou : Manuel
Lorenzo Vidaurre et Manuel Pérez de Tudela ; pour
le Mexique : José de Michelena et José Dominguez ;
pour l'Amérique centrale : Antonio Larrazabal et
Pedro Molina.

Le célèbre ministre anglais Canning, qui avait été
invité par le gouvernement colombien à envoyer un
représentant au Congrès, nomma Mr Dawskin pour
venir à Panama suivre les travaux du Congrès, se
mettre en communication avec ses membres sans y
prendre part comme plénipotentiaire. Le 23 juin
1826 il arriva effectivement à Panama et sa collabo-
ration a été précieuse pour les délégués. Le gouvernement du Chili s'est excusé d'assister en disant que
l'Exécutif n'avait pas l'autorisation des Chambres
pour envoyer des plénipotentiaires à une Assemblée
internationale. Le Brésil et Buenos-Ayres répondirent,
acceptant l'invitation ; mais leurs représentants n'arrivèrent jamais, peut-être par un secret sentiment
de jalousie envers la Colombie et son président Bolivar (1).

Et le gouvernement des Etats-Unis ? Jhon Quincy

---

1. Voir un article publié alors à Buenos-Ayres, *Razones del Gobierno de Buenos-Aires para no concurrir al Congreso de Panamá.* Zubieta, *op. cit.*, p. 28 à 33.

Adams qui occupait alors la présidence se tint dans
une prudente réserve quand il eut reçu l'invitation
pour se faire représenter au Congrès. On discuta aux
Chambres si les Etats-Unis devaient accepter l'invitation et au Sénat et il y eut même des séances orageuses. L'opinion publique ne voulait pas voir le
gouvernement de l'Union s'engager avec les républiques américaines à garantir la doctrine de Monroë;
cela pouvait éveiller l'hostilité de l'Europe qui d'ailleurs ne pensait plus en 1826 à reconquérir les anciennes colonies espagnoles. Le message de 1823
c'estait toujours un principe de droit américain
d'après lequel aucune puissance européenne ne pourrait dans l'avenir faire quoi que ce soit contre l'indépendance de n'importe quel pays d'Amérique; mais
c'était à chaque gouvernement de garantir dans son
propre territoire l'observance du principe de Monroë;
pas de garantie collective. A la Chambre des Représentants, le président Adams fut pris à parti par
Webster et on parla même de ne pas voter les
crédits pour payer les délégués. Après beaucoup de
discussions entre l'Exécutif et les Chambres, on
nomma enfin Anderson et Sergent pour se rendre à
Panama; mais quand ils y arrivèrent le Congrès avait
déjà clos ses séances.

« La surprise fut grande pour les nouvelles républiques : elles s'aperçurent que la doctrine de Monroë
avait été écrite dans l'intérêt exclusif des Nord-Amé-

ricains. Les Etats-Unis l'invoquaient quand ils pen-
saient en tirer un avantage, mais quand ils ne
pouvaient en retirer aucun profit, ils restaient
muets (1). »

M. Zubieta dans sa brochure sur le Congrès de
Panama (p. 42) explique la réserve, l'hostilité même
du gouvernement américain contre l'idée de Bolivar
du Congrès de Panama, comme suit : Bolivar qui,
en 1826, avait réussi à libérer du joug espagnol
presque toute l'Amérique méridionale, caressait
aussi à ce moment-là le plan d'entreprendre la libé-
ration de Cuba et de Puerto-Rico et pour cela il avait
besoin de l'aide, au moins morale, des autres Etats
américains. Or, les Etats-Unis, et surtout le président Adams toujours soucieux de ménager l'Espagne,
étaient opposés à cette entreprise parce que contraire
à ses intérêts. Le cabinet de Washington ne voulait
pas envoyer de représentants à Panama pour s'engager à ce sujet, mais il ne voulait pas non plus
démasquer son jeu déclarant devant l'Amérique
espagnole qu'il s'opposait à l'émancipation d'une
partie de son territoire.

Nous ne saurions pas dire si cette thèse a été
confirmée par des faits postérieurs ; ce qui est certain c'est que Bolivar a pensé sérieusement à ce
moment de sa vie à conduire une expédition libéra-

---

1. H. Pétin, *op. cit.*, p. 90.

trice à Cuba, et qu'il a dû y renoncer faute d'une escadre nombreuse pour le transport des troupes.

L'absence des représentants d'une grande partie des Etats américains, vouait à l'insuccès les deux idées que Bolivar rêvait de voir réalisées à Panama : la fédération des républiques américaines et la création d'un Congrès de plénipotentiaires qui devait être une espèce de haut tribunal pour servir d'arbitre dans les difficultés qui pourraient surgir entre elles.

Le Congrès célébra ses séances quand même avec les quelques représentants qui y assistèrent, et avant de se dissoudre au mois de juillet, les délégués signèrent un traité d'alliance, d'union et de confédération perpétuelle entre la Colombie, l'Amérique centrale, le Pérou et le Mexique ; chacun des quatre Etats fournissait un contingent pour la défense commune en cas de besoin.

Le plan grandiose de Bolivar échoua donc à cause de la méfiance des uns et de la jalousie des autres, mais l'histoire fera honneur et justice à la Colombie et à son illustre président pour avoir été les premiers en Amérique à vouloir faire établir l'arbitrage comme moyen civilisateur pour résoudre les conflits entre nations.

IV

LE CANAL INTEROCÉANIQUE

A partir de 1824 on peut dire que l'histoire du
canal de Panama est l'histoire des relations des
Etats-Unis avec la Colombie. Depuis le commencement du xix° siècle les Etats-Unis s'inquiètent déjà
du canal. Le 3 octobre 1824, un traité fut signé à
Bogota entre les Etats-Unis et la Colombie. Les
deux parties contractantes se promettaient simplement appui et protection.

« Il y aura une paix parfaite, solide et inviolable
et une amitié sincère entre les Etats-Unis d'Amérique et la République de Colombie, dans toute
l'étendue de leurs possessions et territoires, entre
leurs sujets respectifs sans aucune distinction de
personnes ou de lieux. »

Il n'est fait aucune allusion au canal, il semble
qu'on ne veuille pas donner aux autres l'idée d'y
penser. En fait cependant les Etats-Unis obtenaient
la garantie de la neutralité de l'isthme et en échange

ils promettaient de respecter et de faire respecter les droits de souveraineté et de propriété de la Colombie sur le territoire qu'elle occupait.

C'est le premier traité qui semble poser la question du canal ; avec ce texte le gouvernement américain fera son entrée en scène ; il ne la quittera plus (1).

Le traité de 1846. — Le 12 décembre 1846 était signé à Bogota le traité Mallarino-Bidlak comportant trente-six articles « de paix, amitié, navigation, et commerce entre la République de la Nouvelle-Grenade (2) et les Etats-Unis d'Amérique». C'est surtout l'article 35 de ce traité qui mérite notre attention au point de vue que nous étudions ici. Cette fois le passage entre les deux océans est mentionné et très clairement précisé ; l'aigle grandissait.

« Article 35. — Les Etats-Unis garantissent positivement et efficacement à la Nouvelle-Grenade, par la présente stipulation, la neutralité absolue de l'isthme ci-dessus mentionné, afin que le libre transit d'une mer à l'autre ne puisse être interrompu ou entravé dans l'avenir tant que ce traité existera ; et en conséquence les Etats-Unis garantissent, de la même manière, les droits de souveraineté et de pro-

---

1. Voir J. Rebet, *la Transformation de la Doctrine de Monroe.* Paris, 1905.

2. Quelque temps après la mort de Bolivar, 1830, la République de Colombie se divisa en trois républiques : la Nouvelle Grenade, le Vénézuela et l'Equateur. En 1861, la Nouvelle-Grenade est redevenue la Colombie.

priété que la Nouvelle-Grenade a et possède sur le
dit territoire. »

Dans les paragraphes 2 et 3 du même article 33 on
dit : « Le présent traité demeurera en pleine force
et vigueur pour un terme de vingt années à dater du
jour de l'échange des ratifications » (1).

« Nonobstant ce qui précède, dans le cas où ni
l'une ni l'autre des parties contractantes ne signifie-
rait à l'autre son intention de réformer en tout ou en
partie les articles de ce traité, douze mois avant
l'expiration des vingt années précitées, le dit traité
continuerait à lier les deux parties au delà de ces
vingt années, jusqu'à concurrence de douze mois
datant du jour où l'une des parties aura signifié à
l'autre son intention de procéder à une réforme. »

Le traité était donc en vigueur en 1903 puisqu'aucun des deux pays contractants ne manifesta jamais
l'intention de le réformer en quoi que ce soit.

Nous verrons plus tard, dans notre deuxième partie, comment les États-Unis ont tenu parole aux
engagements de 1846, comment ils ont garanti « la
neutralité absolue de l'isthme de Panama » et la
manière dont ils ont *religieusement respecté* « les
droits de souveraineté et de propriété que la Colombie (Nouvelle-Grenade en 1846) a et possède sur le
dit territoire. »

1. Le traité fut ratifié à Washington le 10 juin 1848 par les
plénipotentiaires Herran et Buchanan.

Une fois que les États-Unis ont pris leurs précautions avec la Nouvelle-Grenade pour pouvoir contrôler le futur canal, ils se retournent vers l'Amérique centrale, du côté du Nicaragua et du Honduras, là où un autre canal peut s'ouvrir dans l'avenir. Mais ils y trouvent déjà établie leur ancienne rivale, l'Angleterre, dont la petite colonie de Belize s'était étendue presque jusque dans le Guatémala et sur toute la côte des Mosquitos.

Tous les regards se portent vers cette région avec une intensité de désir toute spéciale, surtout à ce moment où les mines aurifères de Californie viennent d'être découvertes. M. Hise, envoyé par le gouvernement américain au Nicaragua, signa un traité avec ce pays (1849) par lequel le Nicaragua, en échange de certains avantages, reconnaissait aux États-Unis le droit exclusif de construire un canal par le territoire nicaraguén. Ce traité ne fut pas approuvé par Washington qui voulait ainsi éviter des difficultés avec l'Angleterre. Un autre agent du gouvernement américain, M. Squier, conclut un traité avec le Nicaragua semblable à celui signé par son prédécesseur Hise et en outre il signa avec le Honduras un protocole et obtenait la cession de l'île du Tigre à l'embouchure du futur canal. Par crainte de l'hostilité de l'Angleterre, le gouvernement américain refusa aussi d'approuver ce traité comme il avait désavoué celui de M. Hise.

C'est l'œuvre de ces deux diplomates désavoués qui permettra à M. Clayton, secrétaire d'État très fin et très habile, d'imposer à la Grande-Bretagne le fameux traité du 19 avril 1850.

Le Traité Clayton-Bawler. — Ce traité ainsi appelé du nom des plénipotentiaires qui le signèrent, n'est plus un traité d'ordre général, comme ceux passés avec la Colombie en 1846 ou avec le Nicaragua, où la clause du canal n'apparaît que comme chose accessoire ; c'est bien un traité spécial pour régler la question du canal d'une façon précise entre les États-Unis et l'Angleterre. Par le premier article du traité les deux contractants s'engagent à ce « que ni l'un ni l'autre n'établira jamais ou ne conservera pour lui-même la domination exclusive du Canal ; qu'acun n'élevera jamais aucune fortification sur le Canal ou dans le voisinage ; qu'ils n'occuperont, ne fortifieront, ne coloniseront, n'assumeront ou n'exerceront aucune domination sur Nicaragua, Costa-Rica, la côte des Mosquitos ou quelque partie que ce soit de l'Amérique centrale, ni ne feront usage d'aucune protection ou d'aucune alliance que l'un ou l'autre a ou peut avoir avec un État ou peuple dans le but d'élever ou d'entretenir de telles fortifications ; ni les États-Unis ni la Grande-Bretagne ne prendront avantage d'aucune intimité ou n'emploieront aucune alliance, rapport ou influence que l'un ou l'autre puisse posséder avec aucun État ou Gouvernement à travers le territoire duquel le dit Canal peut passer, dans le but d'acquérir ou de prendre, directement ou indirectement pour les citoyens ou les sujets de l'un d'eux, aucun droit ou avantage à l'égard du commerce ou de la navigation à travers le dit canal qui ne sera pas offert aux mêmes conditions, aux citoyens ou sujets de l'autre. »

Quel luxe de détails dans cet article 1er ! On dirait que M. Clayton sachant qu'il jouait une carte maîtresse a voulu expressément chercher tous les cas imaginables et possibles pour éviter tout équivoque, et on dirait aussi que le plénipotentiaire anglais s'est laissé faire et a tout accepté, parce que tout lui était indifférent.

Dans l'article 8 on stipule : « Comme les États-Unis et la Grande-Bretagne en signant cette convention désirent non seulement viser un but particulier mais aussi établir un principe général, ils conviennent d'étendre leur protection, en stipulant par des traités, à toutes autres voies de communications possibles, canal ou chemin de fer à travers l'isthme qui unit l'Amérique du Nord et du Sud et spécialement aux communications interocéaniques si elles étaient trouvées possibles, soit par un canal, soit par le chemin de fer, que l'on propose actuellement d'établir par la route de Tehuantepec ou de Panama. »

Par ce traité de 1850 les États-Unis empêchaient

l'Angleterre de s'approprier le canal ; plus tard, ce sera à eux de réaliser l'œuvre. On ne peut pas nier que M. Clayton ait joué très finement la partie. L'Angleterre voulait déjà certainement vers 1850 faire avec le canal d'Amérique ce qu'elle fera plus tard avec le canal de Suez. Ne pouvant pas s'emparer du canal lui-même parce que cela provoquerait les protestations et l'indignation des autres nations, elle s'empare du territoire sur lequel passe le canal, et par une habile opération financière elle devient le principal actionnaire de l'entreprise. Ensuite il ne lui reste qu'à se faire remettre les titres de propriété. Au Nicaragua les Anglais voulaient faire la même chose ; ils s'étaient établis à San-Juan-del-Norte (ville qu'ils prétendaient faire appeler « Greytown »), terminus sur l'Atlantique du futur canal et un prétexte leur avait donné l'occasion d'occuper aussi le terminus sur le Pacifique dans le golfe de Fonseca. Clayton sut déjouer ce plan.

On peut dire qu'au lendemain du traité Clayton-Buwler il y a, dans ce duel diplomatique entre les deux pays, une égalisation de chances : les Anglais ont perdu tout ce que les Américains ont gagné. C'est la force seule qui va décider dans l'avenir. Dorénavant quand il s'agira d'empêcher la Grande-Bretagne de s'étendre dans l'Amérique centrale, les États-Unis invoqueront le traité de 1850, mais quand il s'agira de réduire ou limiter le rôle de l'Angleterre

en ce qui concerne la garantie de la neutralité, alors
ils chercheront au contraire à en diminuer la portée.
Toute l'histoire diplomatique des États-Unis relati-
vement au canal, n'a, à partir de 1850 qu'un seul
but : puisque le traité Clayton-Buwler a abouti à un
premier résultat, c'est-à-dire empêcher l'Angleterre
de s'emparer du canal, il ne reste qu'à se débarrasser d'elle dans la combinaison de garantie. Les
États-Unis ne veulent plus un canal neutre, mais,
comme l'a dit le président Grant *un canal américain,
sur un sol américain, appartenant au peuple américain* ? Et tous leurs efforts tendront à ce seul but
jusqu'à faire signer à la Grande-Bretagne le traité
Hay-Pauncefote en 1901.

V

L'AFFAIRE DU MELON

Le 15 avril 1856 ont eu lieu à Panama de déplorables événements qui marquent une date à signaler dans l'histoire des relations des États-Unis avec la Nouvelle-Grenade. Les richesses de la Californie, et les travaux du chemin de fer de Colón à Panama, alors en construction, attiraient à l'isthme toute espèce d'aventuriers et de gens louches. D'autre part la haine toujours latente dans le cœur du nègre américain contre le yankee, trouvait un prétexte pour éclater dans la disposition prise à ce moment par la Compagnie américaine du chemin de fer d'expulser des travaux de l'entreprise tous les gens de couleur. Dans ces circonstances une dispute au marché de Panama entre le passager américain Jack Oliver et un mulâtre vendeur de melons fut l'occasion qui alluma l'incendie. Le malheureux mulâtre fut tué par le yankee, la foule indignée voulant le venger poursuivit Oliver jusqu'à son hôtel ; alors une véritable lutte sanglante s'engagea entre la populace panamienne et les Américains résidant dans la ville ;

dix-huit morts et plusieurs blessés tombèrent dans les
rues, parmi lesquels le consul américain à Panama.
Ce sont les événements du 15 avril 1856 et les réclamations et négociations qui s'ensuivirent entre les
deux gouvernements, ce qu'on appelle en Colombie
l'affaire du melon.

Malgré les efforts des autorités colombiennes pour
maîtriser l'émeute du 15 avril, limiter ses conséquences et punir les responsables, le gouvernement
de Washington, basé sur le rapport passionné du consul, prétendait faire tomber sur la Nouvelle-Grenade
la responsabilité de l'émeute. M. Marcy, secrétaire
d'État du président Pierce, ordonna à ses plénipotentiaires à Bogota de soumettre au gouvernement néo-
granadin le projet de convention que voici : les
villes de Colón et Panama seront des villes libres
protégées, ainsi que les territoires environnants, et le
canal, par des forces navales ou terrestres, des États-
Unis ; la Nouvelle-Grenade cédera aux États-Unis
les îles de la baie de Panama pour y établir des sta-
tions navales ; la Nouvelle-Grenade devra payer des
dommages-intérêts aux familles des victimes de
l'émeute et fixer la somme à payer par le gouvernement des États-Unis. Les plénipotentiaires colombiens, MM. Lino de Pombo et Florentino de Gonzá-
lez, rejetèrent avec énergie la prétention de rendre
le gouvernement de Bogota responsable de l'émeute
du 15 avril. En ce qui concerne les propositions amé-

ricaines de faire cession territoriale, les plénipotentiaires colombiens répondirent : « De telles propositions signifient au fond une cession intégrale et
gratuite, inconstitutionnelle et peu honorable du
territoire de l'Etat de Panama aux Etats-Unis ; le
gouvernement américain ne doit ni prétendre à une
telle cession ni l'exiger, et le gouvernement colombien ne pourrait pas l'accorder non plus, parce que
contraire aux principes qui servent de bases aux
institutions politiques des deux républiques » (1).

L'envoi des quelques navires de guerre américains
dans les eaux colombiennes, fut la réponse de la
Chancellerie de Washington à la négative colombienne.

Le Congrès colombien de 1857 justement préoccupé
de la tension des relations entre les deux pays à cause
du regrettable incident *du melon* dicta deux lois
dans ses séances de cette année pour tâcher de
solutionner le conflit. Par la première de ces lois le
Congrès autorisait l'Exécutif à négocier avec les
Etats-Unis les dommages-intérêts à payer aux
familles des victimes de l'émeute de Panama, et par
la seconde il l'autorisait à traiter avec les puissances
européennes la neutralité de l'isthme. L'article 4 de
la loi du 15 mai 1857 dit en effet : « le Pouvoir exécutif négociera avec une ou plusieurs puissances

1. Voir E. Carlos Uribe, *Colombia, Asuntos Internacionales.*
Medellin, 1913.

européennes, la neutralité de l'isthme de Panam
ayant toujours pour base le libre transit universel et
la souveraineté permanente de la Nouvelle-Grenade.

M. Juan de Francisco Martin fut envoyé en Europe
par le gouvernement de Bogota avec la mission de
négocier avec les Cours de Paris et de Londres un
traité par lequel la France et l'Angleterre garanti-
raient à la Nouvelle-Grenade la neutralité de l'isthme
contre toute intervention armée des États-Unis.
Malgré le bon et sympathique accueil qu'il reçut du
Cabinet de Saint-James, M. Martin n'a pu rien
obtenir comme garantie collective. Et le plus curieux
est que cette garantie collective de l'isthme de
Panama était prévue et acceptée par les États-Unis
dans le traité de 1850 avec l'Angleterre.

La très habile et intelligente gestion à Washington
du ministre colombien, général Herran, et les bons
offices du nouveau Président de l'Union Buchnan,
réussirent à mettre fin au conflit. Les navires de
guerre américains reçurent l'ordre de quitter les
eaux colombiennes et le gouvernement de la Nouvelle-Grenade paya les indemnités à qui de droit.

L'affaire du 15 avril 1856 marque à notre avis une
date capitale dans l'évolution des relations colombo-
américaines. Dès la proclamation de son indépendance la Colombie regarde et considère les États-
Unis comme la nation sœur et aînée, inspiratrice et
modèle de ses institutions démocratiques, nation

qui par sa vigueur et ses progrès est à la fois un
encouragement et un exemple, une protectrice natu-
relle contre les possibles convoitises européennes.
Elle veut faire de la Grande République de Washington et de Jefferson la garante, la dépositaire de ce
joyau de son territoire qu'est l'isthme de Panama. Les
traités de 1824 et de 1846 sont inspirés par ce sentiment. Mais à partir de 1856 il y a dans la politique
colombienne à l'égard des Etats-Unis un revirement
complet. Les prétentions démesurées du Président
Pierce, et la politique pratiquée par Polk dans les
affaires encore récentes du Texas et du Yucatan, lui
font comprendre que l'Union américaine du milieu du
XIX° siècle n'est pas la même que celle du commencement ; que le peuple pacifique et ami de la justice qui
a fait la déclaration de Philadelphie est devenu ambi-
tieux et conquérant. A partir de ce moment, elle s'a-
dresse aux deux grandes puissances libérales de
l'Europe, la France et l'Angleterre, pour les intéresser
à l'œuvre du percement du canal et elle obtient,
vers 1878, de voir le génie de Lesseps à la tête de
l'entreprise. Plus tard quand la faillite de la Compagnie Universelle et l'impuissance de la Compagnie
nouvelle l'obligeront à renoncer à son rêve de
voir son canal construit par la France, la Colombie
se retournera de nouveau vers les Etats-Unis. Mais
cette fois-ci la Grande République enivrée par ses
triomphes sera dans la pleine apogée de l'impéria-

lisme et il ne sera plus question pour la Colombie de négocier d'égal à égal, mais de se soumettre aux conditions qu'on voudra lui imposer. Dans le dilemme qu'elle a eu à ce moment devant elle, accepter des conditions humiliantes et vexatoires ou subir une odieuse spoliation, la Colombie en bonne latine, a choisi le second terme. Et comme le bon et chevaleresque roi François Ier, elle a pu dire : « Tout est perdu, fors l'honneur ».

VI

LA FRANCE A PANAMA

Quoique nous n'étudiions pas ici les relations franco-colombiennes, le rôle de la France dans l'œuvre du canal de Panama a été trop important pour qu'il puisse être passé sous silence.

Déjà à l'époque de la Révolution un Français, Martin de la Bastide, s'intéressait à la communication interocéanique et publiait une brochure intitulée *Mémoire sur un nouveau passage de la mer du Nord à la mer du Sud* (1).

L'amiral Décrès, qui fut ministre de la Marine sous le premier Empire, parlait aussi de la possibilité du percement du canal.

En 1838 une Compagnie franco-grenadine se formait et obtenait du gouvernement de la Nouvelle-Grenade un privilège pour construire une communication entre les deux océans. Un nommé Salomon chargé par cette Compagnie d'explorer l'isthme présenta un rapport si intéressant qu'en 1843 M. Guizot

1. Cité par Tabernier, ouvrage mentionné, p. 3o.

envoya deux ingénieurs pour faire de nouvelles explorations et étudier plusieurs tracés.

Le prince Louis-Napoléon publia aussi vers 1846 une étude assez étendue sur un canal par le Nicaragua.

Mais tous ces projets restèrent sans effet et ce n'est qu'après 1869, grâce à l'enthousiasme soulevé par l'œuvre de Suez, que l'entreprise de Panamá va être prise au sérieux en France. Et il y a ceci d'important à noter : la France, officiellement, en tant que nation, n'interviendra pas dans l'affaire ; ce sera une entreprise particulière où le gouvernement n'entrera que pour protéger les droits de ses nationaux.

Un Congrès réuni à Paris en 1875 envoya une mission en Amérique pour faire des explorations, mission qui avait comme chef Lucien-Bonaparte Wise. Ce dernier signa le 20 mars 1878 un contrat avec M. Salgar, ministre des Affaires étrangères de Colombie, par lequel la concession pour ouvrir le canal lui était accordée. D'après le contrat la durée du privilège pour la Compagnie était de quatre-vingt-dix-neuf années à partir du jour où le canal pourrait être mis au service de la navigation ; il devait être terminé dans les douze ans suivants, délai qu'on pourrait proroger par consentement mutuel des deux parties (1).

---

1. Voir le contrat dans *Anales Diplomáticos y Consulares de Colombia*, par A. J. Uribe. Bogotá, 1900, vol. I, p. 7 à 20.

Sous les auspices de la Société de Géographie, une conférence eut lieu à Paris en 1879, présidée par M. Ferdinand de Lesseps. Le 31 janvier 1881 la Compagnie Universelle du canal de Panama était fondée et quelque temps après les travaux commençaient dans l'isthme. On connaît la triste et malheureuse histoire de la Compagnie Universelle du canal de Panama : les caisses vidées par l'achat des concessions et de la presse avant de commencer les travaux ; les deux premières émissions ; la demande d'autorisation aux Chambres en 1885 pour les valeurs à lots ; la visite de M. de Lesseps à l'isthme pour inspecter les travaux ; la mission de Mr. Rousseau spécialement chargé par le gouvernement d'aller renseigner les porteurs ; son rapport plein de réserves sur la façon dont les opérations se réalisaient ; les bons à lots autorisés par la loi de juin 1888, bons qui ne furent souscrits par personne malgré leur garantie de tout premier ordre ; la proposition du gouvernement de proroger de trois mois le paiement des sommes dues par la Compagnie ; les réquisitoires de MM. Delahaye et de Launay à la Chambre et la Commission d'enquête ; la faillite, la débâcle du 4 février 1889 ; M. de Lesseps devant la Cour de Paris ; la dissolution de la Compagnie prononcée par le tribunal civil de la Seine ; enfin pour les administrateurs la Cour d'assises, la prison. La presse française de cette époque a fait de la question de

Panama, *de l'affaire*, comme on disait alors, une
espèce de symbole de honte et d'infamie. Le mot
panamiste est resté pour indiquer les escrocs et les
voleurs de haute envergure.

Ainsi, donc, à cause du scandale et de la panique
tombait l'entreprise à peine commencée du percement du canal. Dans sept ans de travaux on avait
fait déjà quelque chose de considérable : 15 milles
du canal étaient pratiquement en état de servir du
côté de l'Atlantique et 4 milles du côté du Pacifique ;
sur les 68 kilomètres du canal, 33 étaient complète-
ment terminés ; plus 500 machines à vapeur,
1.000 chariots, 150 kilomètres de rails, 250 canots,
des excavateurs, des dragues, des grues, des outils
de toute sorte, tout cela était à pied d'œuvre ; les
problèmes les plus difficiles paraissaient déjà résolus ;
de Colon à Panama c'était un chantier gigantesque
tout vibrant d'une activité formidable et que domi-
nait le pavillon tricolore de la France (1).

Cinq ans plus tard, le 21 octobre 1894, une nouvelle société se constituait sous le nom de « Compagnie Nouvelle du canal de Panama ». Elle n'a pu
réunir que 65 millions pour continuer les travaux,
l'opinion publique et les souscripteurs ne voulant
plus entendre parler de Panama. Avec de si mo-
destes moyens la Compagnie Nouvelle dut se limiter

1. Voir l'ouvrage déjà cité de M. Tabernier, p. 33 à 3, et le
livre *Panama* de M. Bruneau-Varilla. Paris, 1913, p. 113 à 178.

à entretenir les travaux exécutés et à chercher de toute manière à vendre sa concession au gouvernement américain, seul acheteur possible.

Le gouvernement colombien a toujours fait preuve de la meilleure volonté à l'égard de l'œuvre française à Panama ; à plusieurs reprises il a prorogé le délai pour terminer les travaux, tant à la Compagnie Universelle qu'à la Compagnie Nouvelle. Un premier délai est accordé par la loi 107 de 1890 sous l'administration Holguin ; deux autres sous l'administration Caro par les lois de 1892 et 1893, et le Président Sanclemente par le décret 721 de 1900 accorda un dernier délai à la Compagnie Nouvelle qui s'engagea à finir le canal pour l'année 1910. Malheureusement tout a été inutile. Le destin, la fatalité n'ont pas voulu voir le pavillon français flotter en triomphateur sur l'œuvre grandiose de Panama.

En arrivant à ce moment de l'histoire du canal, une question se pose naturellement : qu'ont fait les Etats-Unis pendant cette période française du canal, de 1878 à 1900 ? Ont-ils vu l'œuvre française à Panama avec sympathie, l'ont-il aidée, ou au contraire, ont-ils contrecarré cette entreprise française et se sont-ils toujours opposés à elle ?

———

VII

L'OPPOSITION AMÉRICAINE A
L'ŒUVRE FRANÇAISE

L'idée du futur canal domina toujours la pensée des hommes d'Etat américains. Nous avons déjà vu les propositions faites à la Nouvelle-Grenade par le secrétaire d'Etat M. William Marcy en 1857, propositions repoussées par les négociateurs colombiens.

En 1868 Mr. Peter J. Sullivan, ministre plénipotentiaire des Etats-Unis à Bogota présenta au gouvernement colombien un projet de traité pour la construction du canal; les Chambres colombiennes n'approuvèrent point ce traité. En 1870 un autre projet de traité négocié entre les plénipotentiaires colombiens, MM. Arosemena et Sanchez et le ministre des Etats-Unis, M. S. A. Hurbult, ne fut ratifié ni par le Sénat américain ni par les Chambres colombiennes.

Ayant échoué dans leurs tentatives sur le canal en Colombie, les Américains se retournent vers le

Nicaragua. A partir de ce moment « l'opinion publique américaine identifia le grand intérêt national des Etats-Unis dans la question du canal interocéanique avec le choix du tracé par le Nicaragua (1). » Et quand en 1878 la Colombie négocia avec la Compagnie française la construction du canal par Panama, la voie de Nicaragua devint pour les Américains celle de leurs préférences et leurs prédilections : le Nicaragua sera désormais l'entreprise nationale contre Panama, l'entreprise de l'étranger.

Aussitôt que Mr. de Lesseps parvint à organiser la Compagnie du canal et à faire souscrire le capital pour commencer les travaux, il y eut un grand émoi à Washington. Il y eut des séances orageuses au Congrès et à la Commission des Affaires étrangères à cette conclusion que le canal ne pouvait être ouvert au commerce du monde que sous la protection des Etats-Unis. A la même époque se formait à New-York sous la présidence du général Grant la « Provisional Interoceanic Canal Society » qui choisissait naturellement le tracé par le Nicaragua comme le seul possible.

Cependant les travaux de Panama avançaient et le Président Hayes s'en inquiétait. Dans son message au Congrès, le 8 mars 1881, il disait : « les Etats-

____

1. Rapport du Conseil d'administration de la Compagnie Nouvelle à l'assemblée générale des actionnaires du 30 décembre 1899.

Unis ne peuvent consentir à l'abandon du contrôle exclusif sur le canal au profit d'un pouvoir européen » (1).

Pour s'opposer à l'œuvre française, le Capitan Ead alla jusqu'à proposer au gouvernement américain de construire un chemin de fer dans l'isthme de Tehuantepec pour transporter les vaisseaux d'une mer à l'autre.

Au Congrès, l'opinion à l'égard du canal était nettement partagée en deux parties opposées. Il y avait les jingoës dont le porte-parole était M. Blaine, adversaires déclarés de l'entreprise française, c'étaient les républicains pour qui l'idée de Grant contenait le programme : *Canal américain, sur sol américain, appartenant au peuple américain.* De l'autre côté étaient les démocrates qui voulaient un canal neutre placé sous la garantie de plusieurs puissances. C'était un parti d'hommes modérés qui soutenaient la thèse de M. Evarts que le percement du canal de Panama était une affaire particulière entre le gouvernement colombien et la Compagnie concessionnaire. La lutte entre les deux opinions va être longue et acharnée ; les faits montreront qui l'emportera.

Le président Garfield, comme son prédécesseur Hayes, s'inquiétait des travaux français à Panama, et il proposait comme seul moyen à la disposition

—————

1. Cité par Keasbey, *The Nicaragua and the Monroë doctrine,* p. 374.

des Etats-Unis pour dominer le canal l'achat et la plupart des actions, comme l'Angleterre l'avait fait pour Suez.

Le 24 juin 1881 M. Blaine, alors secrétaire d'Etat de Garfield, adressa une note à l'Angleterre lui proposant la reconnaissance de la neutralité du canal telle qu'elle avait été prévue par le traité de 1846 avec la Nouvelle-Grenade. Lord Granville lui répondit au mois de novembre de la même année se retranchant derrière le traité Clayton-Buwler : il réfutait les prétentions de M. Blaine reprenant le traité article par article.

Alors s'engagea un très intéressant échange de notes diplomatiques entre le *Premier* anglais et le secrétaire d'Etat américain. Granville soutenait les clauses du traité de 1850 dans son intégralité contre les prétentions de Blaine qui voulait faire introduire les modifications suivantes : le canal pourrait être fortifié ; la garantie pourrait porter soit sur un canal, soit sur un chemin de fer ; la distance à laquelle les prises seraient licites en temps de guerre serait reculée aussi loin que possible.

Mr. Blaine, pour donner plus de portée à ses prétentions les fit connaître à toutes les puissances européennes. Le ministre français à Washington exprima à Mr. Blaine en recevant la note que le gouvernement français ne visait aucun but politique dans l'entreprise du canal ; mais M. Barthélemy

Saint-Hilaire alors ministre des Affaires étrangères
ne répondit rien. Le gouvernement italien garda le
silence également. Le marquis de la Vega de Armijo,
alors ministre d'Etat espagnol, donna une réponse
ferme et digne : « Le canal de Panamá, dit-il, étant
en train de se construire, le meilleur moyen de
garantir sa neutralité ne serait certainement pas de
modifier le traité Clayton-Buwler dans le sens indiqué
par Mr. Blaine, mais au contraire d'inviter toutes les
puissances à adhérer à ce traité comme le prétend la
Colombie. » Mais le silence gardé par la plupart des
puissances permit aux Etats-Unis de conserver leur
liberté d'allure.

Arthur, qui succéda au Président Garfield assas-
siné, et son secrétaire d'Etat Frelinghuysen se mon-
trèrent aussi jingoës, aussi adversaires de l'œuvre
française que leurs prédécesseurs. « Les Etats-Unis,
disait Frelinghuysen au ministre anglais à Washington, doivent avoir le protectorat exclusif du Canal ;
la doctrine de Monroë s'oppose à ce que les autres
puissances puissent garantir la protection d'un pays
américain ».

Avec l'arrivée de Cleveland à la Maison Blanche,
les choses changèrent. C'était un démocrate, homme
sage et pondéré qui ne voulait pas de difficultés avec
l'Europe ; il était partisan convaincu d'un canal
neutre garanti par toutes les puissances et non d'un
canal exclusivement américain comme le voulaient

les républicains. Dans son premier message en 1885 il renonce à présenter à l'approbation du Congrès le traité conclu par son prédécesseur avec le Nicaragua pour la construction d'un canal. Les faits, il est vrai, devaient aider grandement la politique de Cleveland. C'était, en effet, l'époque où la Compagnie Universelle de Panama sombrait, où l'on commençait à douter de la possibilité de construire le canal.

Mais, malgré l'attitude de Cleveland, les républicains n'abandonnèrent pas leur idée d'un canal américain et la « Maritime Canal Company » se formait à New-York avec Warner Miller comme président.

De 1891 à 1897 ce fut au Congrès américain toute une série de *bills* pour garantir les actions émises par la « Maritime Canal Company » et dès 1895 une Commission spéciale se forme aux Chambres pour étudier toutes les propositions, tous les projets relatifs au canal.

Sous la présidence de Mac-Kinley, avec l'acquisition de Puerto-Rico et des îles Philippines après la guerre hispano-américaine, l'ambition yankee n'aura plus de bornes et le canal de Panama, de gré ou de force sera sa chose.

VIII

L'IMPÉRIALISME AMÉRICAIN
ET LE TRAITÉ HAY-PAUNCEFOTE (1)

Quand on parle de l'impérialisme américain, on croit généralement qu'il a été la manifestation du sentiment national des États-Unis au moment de la guerre avec l'Espagne en 1898 et des actions d'éclat qu'y accomplirent les soldats et les marins de l'Union. Mais en réalité l'impérialisme existait déjà de longue date chez le peuple américain et la guerre hispano-américaine n'a été qu'une très propice occasion de laisser ce sentiment éclater dans toute sa nudité. L'énorme développement de la population des États-Unis dans les dernières années et surtout à partir de la seconde présidence de Grant ; l'essor merveilleux qu'ont pris leur richesse, leur commerce et leur industrie ; l'accroissement constant de leur immense territoire par les acquisitions successives de la Floride, du Texas, de l'Oregon, de l'Alaska ; l'influence

______

1. Firmin Roz, *l'Énergie américaine*. Paris, 1914.

prépondérante qu'ils ont dans les affaires commer-
ciales et politiques de l'Amérique espagnole ; le respect et l'admiration qu'ils inspirent à l'Europe ; la
prépondérance toujours grandissante dans la vie
politique américaine des États de l'Ouest, jeunes,
violents, impulsifs, sur ceux de l'Est, sages, pondérés,
réfléchis (1) ; tout cela a changé radicalement la
psychologie du peuple américain vers la fin du
XIXe siècle.

L'Union américaine de 1898 est bien différente de
celle formée au Congrès de Philadelphie en 1775.
Elle n'est plus la jeune et sage république de Washington, isolée du monde, jouissant des bienfaits
d'une démocratie juste et éclairée ; mais la nation
vigoureuse, en pleine maturité qui se sent un besoin
d'expansion, qui veut un empire colonial, qui rêve
de conquêtes ? La guerre contre la noble et malheureuse Espagne va lui permettre de prendre Cuba et
Puerto-Rico, de s'annexer Hawaï, d'acheter les Philippines. La maîtrise du Pacifique sera désormais son
idéal. Devenue puissance coloniale avec des possessions sur l'Atlantique et sur le Pacifique, la nation
américaine sent plus que jamais le besoin d'un canal
exclusivement américain qui permette le passage
rapide de ses navires de guerre d'une mer à l'autre.
Mais il y a le traité Clayton-Buwler qui s'oppose à la

---

1. Voir à ce sujet le très intéressant livre de M. E. Boutmy,
Éléments d'une psychologie politique du peuple américain.

réalisation de son œuvre. Elle va donc se débarrasser du traité qui gêne ses ambitions.

Nous avons vu déjà que Mr. Blaine dans sa correspondance diplomatique avec lord Granville en 1881 et 1882 avait toujours soutenu avec chaleur le besoin pour les Etats-Unis de réformer le traité Clayton-Buwler. On se souviendra aussi que le successeur de Blaine au secrétariat d'Etat, Frelinghuysen et son prédécesseur King, ont soutenu tous les deux la même thèse, parce que, disaient-ils, le traité de 1850 est contraire, violatoire de la doctrine de Monroë.

Le Congrès américain s'est aussi occupé à plusieurs reprises de la question et dès le 16 avril 1880, les deux Chambres ont autorisé le Président à prendre des mesures immédiates pour l'abrogation formelle et finale de la Convention du 19 avril 1850.

L'arrivée de Mac-Kinley au pouvoir et la guerre avec l'Espagne rendront encore plus exigeants les partisans de l'abrogation du traité Clayton-Buwler.

En décembre 1898, au lendemain de la guerre de Cuba, parlant de la difficulté qu'avait eue un navire de guerre américain pour rejoindre son poste de combat dans le Pacifique, le Président Mac-Kinley s'exprimait ainsi : « La construction d'un Canal interocéanique est plus que jamais indispensable aux communications rapides entre nos rivages de l'Ouest et ceux de l'Est... Notre politique nationale exige

maintenant plus que jamais *que ce Canal* soit dominé
par nous (1). »

L'ambassadeur anglais à Washington demanda
des explications sur ce langage, très peu conforme
au traité de 1850. M. Hay, secrétaire d'État aux
Affaires étrangères, répondit « que le Gouvernement américain n'avait pas l'intention d'ignorer la
convention de 1850, mais vu, d'une part, que le
sentiment national voulait un canal américain et
que, d'autre part, il y avait peu de chances de voir
l'entreprise privée se mettre à ce travail et l'ache-
ver, il se proposait de demander à la Grande-Bretagne la modification du traité de 1850, tout en
conservant le principe, afin d'accomplir cette œuvre
colossale pour le plus grand bénéfice du monde » (2).

Quelque temps après le sénateur Morgan déposait
au Congrès un bill pour autoriser l'Exécutif à négocier « pour l'abolition des traités qui mettaient une
entrave quelconque à la construction du Canal ».

Au commencement de l'année 1899 le ministre
américain à Londres recevait l'ordre de son gouvernement de soumettre au Cabinet anglais un projet
de traité d'amendement de celui de 1850. Après de
longues discussions entre les deux gouvernements,
un traité fut signé à Washington le 18 novembre 1901
entre lord Pauncefote ambassadeur de la Grande-

____

1. *Parlamentary Papers*, mars 1901, cf. 438.
2. *Parlamentary Papers*, mars 1901, cf. 438.

Bretagne près le gouvernement américain et le secrétaire d'Etat M. Jhon Hay.

Par l'article premier de ce traité la convention de 1850 était abrogée purement et simplement. Dans les trois autres articles on stipulait : que les Etats-Unis feraient le canal ou le feraient construire ; leur gouvernement aurait la possession et la jouissance de tous les droits afférents à ladite construction, comme le droit exclusif de pourvoir à la réglementation du canal ; pour base de la neutralisation du canal, les Etats-Unis adoptaient, en substance, les règles de la convention de Constantinople du 28 octobre 1888 pour la libre navigation du canal de Suez. Mais cette neutralité n'était pas garantie par l'Angleterre ; elle ne reposait que sur une promesse des Etats-Unis.

Dans le traité Hay-Pauncefote le gouvernement britannique dut s'incliner, sans aucune compensation, aux conditions imposées par les Etats-Unis. « L'Angleterre céda parce qu'elle n'était pas la plus forte et qu'elle ne pouvait pas faire autrement », nous dit Mr. Biard (1). C'était en effet l'époque de la guerre du Transvaal où l'Angleterre se trouvait aux prises avec les républiques sud-africaines. Qui aurait dit alors aux Colombiens qui faisaient des vœux enthousiastes et chaleureux pour le triomphe

____

1. *Canal interocéanique de Panama et son régime juridique.* Paris, 1902.

de Krüger et de ses vaillants Boërs, que leur admirable et héroïque résistance aurait pour la Colombie
les plus fâcheuses conséquences ! Une fois de plus
dans l'histoire de l'humanité les événements les plus
imprévus s'enchaînaient.

Le traité Clayton-Buwler une fois abrogé, ayant
les mains libres du côté de l'Angleterre, il ne reste
plus aux Etats-Unis pour s'emparer du canal de
Panama que de négocier avec la Compagnie Nouvelle et avec la Colombie. Et quand l'une ou l'autre
ne voudront pas se soumettre à ses exigences, le
gouvernement américain emploiera ou le bluf du
canal par le Nicaragua, ou la menace et la force.

DEUXIÈME PARTIE

I

LES PRÉLIMINAIRES DU TRAITÉ
HERRAN-HAY

Au moment où Mr. Roosevelt arrive à la Présidence des Etats-Unis à la fin de 1901, on peut dire que l'opinion publique américaine a déjà un jugement fait sur la valeur et sur l'utilité des deux routes rivales pour le canal : Panama et Nicaragua.

Nicaragua avait comme avantage unique d'être plus près des Etats-Unis ; mais la construction du canal par cette voie était d'une difficulté extraordinaire à cause des terrains volcaniques ou marécageux et à cause des torrents qu'on devait traverser.

Panama (1) au contraire « était la route la plus

1. Voir le rapport du colonel Hains à la « Isthmian-Canal Commission ».

courte où on avait déjà surmonté les plus graves difficultés ; son tracé était de beaucoup plus direct que
l'autre ; les lacs et les rivières nécessaires dont on
devait régulariser les cours, étaient moins difficiles et
moins nombreux ; le coût de l'entretien était beaucoup moins considérable que celui de l'autre » (1).

Cependant, le peuple, le Congrès parlaient toujours du canal par le Nicaragua comme de l'œuvre
nationale et patriotique contre Panama, l'entreprise
française, l'œuvre de l'étranger. Peut-être en étalant
une telle préférence le gouvernement américain ne
faisait-il qu'un grand bluff lui permettant de feindre
de l'indifférence à l'égard de l'œuvre de Panama.
Mais en réalité les Etats-Unis suivaient de très près
l'entreprise française et, dès la faillite de la Compagnie Universelle, ils étaient convaincus que ce canal
de l'étranger serait leur chose.

Dès le mois de janvier 1901 le gouvernement colombien envoya à Washington Mr. Carlos Martinez Silva
avec la mission spéciale de négocier avec la Compagnie Nouvelle et avec le gouvernement américain.
Il fut reçu par le Président des Etats-Unis le 2 mars
suivant. Le gouvernement de Bogota savait bien que
la Compagnie Nouvelle, impuissante pour terminer
le canal, désirait se mettre d'accord avec lui pour
vendre sa concession aux Etats-Unis. Il savait aussi

---

1. Le canal par le Nicaragua coûterait 58 millions de dollars
de plus que celui de Panama.

la campagne active (effet d'une opinion sincère ou d'un bluff), menée à ce moment-là par le sénateur Morgan et une grande partie de la Presse américaine en faveur de la route de Nicaragua et contre Panama. La mission confiée à Mr. Martinez Silva était donc toute indiquée.

En arrivant aux Etats-Unis Mr. Martinez Silva constata que la Presse et la plus grande partie de l'opinion américaine étaient partisans acharnés du canal par le Nicaragua et adversaires décidés de Panama. On croyait volontiers qu'il n'y avait rien de sérieux dans les travaux déjà exécutés par la Compagnie française et de nombreux membres du Congrès montraient une grande aversion à l'œuvre qu'on considérait comme synonyme de vol et de scandale. Il entreprit donc une active campagne de presse pour montrer les avantages du Panama, se mit en communication avec l'amiral Walker et avec les sénateurs Morgan et Pasco et son intelligente gestion aida puissamment à produire un revirement dans l'opinion américaine. A la fin de 1901 on peut dire déjà que le canal par Panama a la majorité des suffrages.

Il est extrêmement intéressant de lire (1) aujourd'hui les notes de Mr. Martinez Silva au Ministère

---

1. Voir *le Livre Bleu du gouvernement colombien*. Bogotá, 1904, p. 4 à 81.

des Affaires étrangères de Colombie pendant son
court séjour à la légation colombienne à Washington. En grand patriote qu'il était, il eut toujours en
vue dans ses négociations ces deux buts : la souveraineté de la Colombie et la neutralité du canal ;
mais avec une clairvoyance remarquable et un sens
très précis des réalités, il fit voir au gouvernement
colombien qu'il ne fallait pas s'illusionner sur le
canal ; que celui-ci serait construit par les États-
Unis comme œuvre politique et stratégique plutôt
que comme affaire commerciale ; qu'il ne fallait plus
se leurrer ni avec la France, ni avec l'Angleterre : la
première ordonna à son représentant à Washington
de ne pas intervenir dans les affaires du canal, la
seconde se préparait à donner carte blanche aux
États-Unis dans la question (c'était l'époque où l'on
discutait les bases du traité Hay-Pauncefote). Con-
naissant le caractère vif de notre peuple Mr. Martinez
Silva craignait que les bases pour la négociation
avec les États-Unis ne fussent pas discutées chez
nous dans une atmosphère calme et sereine : « pas
de sentimentalisme », dit-il : « si nous voulons le
canal par Panama il nous faut faire des concessions
aux États-Unis ; si, par un sentiment patriotique exagéré nous ne voulons pas faire quelques concessions
territoriales, ils passeront outre et feront le canal
quand même ». *Le Memorandum* qu'il adressa au
gouvernement colombien le 25 juin 1901 est un véri-

table chef-d'œuvre de clarté et de logique ; il y étu-
die la question du canal sous tous ses aspects et pré-
voit, pourrait-on dire, avec un génie prophétique,
tout ce qui est arrivé ensuite.

Mais à Bogota il paraît qu'on ne se rendait pas bien
compte de la gravité de la situation ; Mr. Martinez
Silva demandait toujours par câble et dans toutes
ses notes des instructions précises pour négocier,
mais elles n'arrivaient jamais. Fâché de cette situation, il donna sa démission au mois de janvier 1902,
Peu de temps après il rentrait en Colombie pour y
mourir quand la patrie avait plus besoin que jamais
de ses lumières et de ses talents. Honneur à sa mémoire (1).

Son successeur à Washington, Mr. José Vicente
Concha, le même avocat remarquable qui est aujour-
d'hui Président de la Colombie, n'a pas pu non plus
conclure un traité au sujet du canal avec les Etats-
Unis. Les instructions qu'il apportait de Bogota
étaient trop générales. Le gouvernement de Mr. Marroquin, malgré les très graves difficultés où il se
trouvait alors luttant pour maîtriser la plus longue et
la dernière, nous l'espérons ainsi, de nos guerres
civiles, avait bien compris l'importance de l'affaire.
Il convoqua au Palais de San Carlos une *Junta*

1. M. Brunau Varilla dans son livre *Panama*, où il ne ménage
pas le gouvernement ni les hommes d'Etat colombiens, reconnaît cependant les grands mérites de Mr. Martinez Silva.

d'hommes les plus remarquables dans la politique, le commerce et la Banque, appartenant à tous les partis politiques du pays pour les consulter. Tous, à une ou deux exceptions près, ont été d'accord sur les points suivants : on ne peut pas, pour rien au monde, vendre une portion du territoire national à une puissance étrangère ; la cession d'une parcelle de la souveraineté nationale serait pour le gouvernement qui la ferait une haute trahison à la patrie ; et en bon latins théoriciens les Messieurs de la *Junta* ajoutaient : « Notre Constitution, d'ailleurs, ne permet pas une telle cession ; il faudrait la réformer pour faire cession... » Ils ont été certainement de bonne foi ces Messieurs, comme le fut plus tard le Sénat, mais il faut le dire : en restant dans des conceptions théoriques, abstraites et lointaines, en n'ayant aucun égard aux réalités tangibles et à leurs conséquences matérielles, les Messieurs de la *Junta* et le Sénat colombien ont contribué à l'œuvre de la sécession de la patrie.

Le Président Marroquin n'a donc pu faire à ce moment que ce qu'il fit : envoyer Mr. Concha à Washington avec ces deux bases pour négocier : compromettre le moins possible le principe de la souveraineté colombienne dans l'isthme et tâcher de se faire payer le mieux possible les concessions qu'on devrait faire.

Pendant le printemps et l'été de 1902 Mr. Concha

échangea avec le secrétaire d'Etat Mr. Hay plusieurs
projets de traité dans lesquels on voit bien les thèses
opposées des deux diplomates ; l'Américain veut la
cession à perpétuité d'une zone le plus large possible,
et avec le droit pour les Etats-Unis d'y commander
en maîtres, police américaine pour la zone du canal,
tribunaux américains, cession des îles de la baie de
Panama, etc., etc. Le Colombien consent à la cession temporaire de la zone avec police et tribunaux
colombiens ou mixtes, etc., etc.

En ce qui concerne la somme à recevoir pour la
Colombie, Mr. Concha était moins intransigeant ; il
connaissait bien la mentalité et le caractère de ses
compatriotes pour savoir que ce ne serait pas le
montant de la somme, plus ou moins grande, qui
ferait rejeter le traité au Congrès colombien, mais la
question de souveraineté, d'orgueil, de dignité nationale. — L'ombre de Don Quichotte se profile encore
sur sa vieille Rossinante dans les plaines colombiennes.

Au mois de juin le Congrès américain vota une
loi (*Spooner act*) qui décidait la construction du futur
Canal par les soins du gouvernement des Etats-
Unis ; en même temps on votait un emprunt de
652 millions de francs pour réaliser l'entreprise. La
loi Spooner ne spécifie pas si le canal doit être construit par Panama ou par le Nicaragua, mais le gouvernement est autorisé à acheter pour 200 millions de

francs les droits, privilèges, concessions et propriétés
de la Compagnie Nouvelle du canal de Panama et
d'obtenir aux meilleures conditions de la République
de Colombie un droit de contrôle perpétuel pour les
Etats-Unis sur une bande de terre située dans la
République de Colombie, d'une largeur d'au moins
3 milles de chaque côté de la ligne médiane du
futur canal. Ensuite dit la loi : « si le Président
ne peut pas acquérir dans un délai raisonnable la
concession de la Colombie, il devra abandonner la
route de Panama et commencer les négociations
pour assurer la construction du canal par les lacs
du Nicaragua. »

Avec l'expédition de la loi Spooner Mr. Hay devient
plus ferme dans ses exigences envers la Colombie :
il veut une zone à perpétuité, avec les villes de
Panama et Colon ; tribunaux et police nord-améri-
cains dans l'isthme. Mr. Concha comprend qu'il faut
céder là-dessus sous peine de perdre à jamais pour
la Colombie tous les bénéfices qu'on attend de
l'œuvre du canal. Mais comme il a des instructions
de son gouvernement de ne pas céder sur la question
de souveraineté, il en demande à Bogota de nouvelles. On lui répond que l'Exécutif ne peut pas à
lui tout seul résoudre un tel point et que c'est au
Congrès colombien d'en décider.

D'autres événements vinrent encore rendre plus
difficiles les négociations. Au mois de septembre

l'amiral Casey faisait débarquer des troupes américaines à Panama pour défendre le chemin de fer contre les possibles attaques des forces révolutionnaires. Jusque-là il n'y avait rien de censurable ; c'était en parfaite harmonie avec le traité de 1846 qui imposait aux Etats-Unis l'obligation de maintenir libre le transit tout le long de la ligne du chemin de fer. Malheureusement l'amiral américain ne s'arrêta pas là et il ordonna de ne pas transporter les troupes colombiennes par le chemin de fer.

Ces événements vinrent heurter vivement Mr. Concha dans son orgueil patriotique, et naturellement les négociations au sujet du traité définitif pour la concession du canal aux Etats-Unis, pâtirent de cet état de choses.

Au mois de décembre 1902 il était rappelé à Bogota à la légation de Colombie à Washington resta, comme chargé d'affaires, le secrétaire Mr. Tomás Herran. C'est lui qui signera le mois suivant le traité qui porte son nom.

LE TRAITÉ HERRÁN-HAY

Avant le départ de Mr. Concha, le secrétaire d'Etat Mr. Hay était devenu cassant et impérieux dans ses exigences. Il voulait faire signer le traité tout de suite et présenta ses dernières propositions en forme *d'ultimatum*.

Dans sa première note au Ministère des Affaires étrangères, en date du 19 décembre 1902, Mr. Herrán, comme secrétaire chargé de la légation de Colombie à Washington, communiqua à son gouvernement : « Après de nombreuses discussions le gouvernement américain offre comme maximum 10 millions de dollars lors de l'échange des ratifications, et une annuité de 100.000 dollars après dix ans ». Mr. Herrán ajoute : « Mr. Shelby, Mr. Cullom, sénateur de l'Illinois et président de la Commission des Affaires étrangères du Sénat soutient que, dans le cas où la Colombie ne se prêterait pas à un arrangement satisfaisant, le gouvernement des Etats-Unis pourrait s'entendre directement avec la Compagnie du canal, laisser de côté la Colombie, exproprier la partie de son territoire nécessaire pour construire le canal et donner comme justification de cet acte *l'utilité publi que universelle* »... « Le Président Roosevelt est un partisan décidé de la voie de Panama et, vu son caractère véhément et impulsif, il est à craindre que le projet du sénateur Cullom ne lui répugne pas »(1).

Le gouvernement de Bogota fut donc obligé d'autoriser Mr. Herrán à signer le traité avec les conditions exigées par Mr. Hay, mais toujours avec la clause qu'il ne serait définitif qu'avec l'approbation du Congrès colombien.

Le 22 janvier 1903 était signé à Washington le *traité Herrán-Hay*, d'une telle importance dans notre histoire.

Par l'article 1er la Colombie autorisait la Compagnie Nouvelle du canal de Panama à transférer et à vendre aux États-Unis ses droits, privilèges, concessions et propriétés pour tout ce qui concernait le futur canal. La Colombie cédait aussi ses droits dans le chemin de fer de Colón à Panama.

Voici les autres stipulations du traité; nous ne citons que les plus essentielles :

Les États-Unis auront le droit exclusif pour une durée de cent ans, prorogeables à la seule et absolue

1. Voir *le Livre bleu colombien*, p. 325 à 328.

option des Etats-Unis, de construire, conserver,
exploiter, diriger et protéger un canal de l'Atlantique au Pacifique. Pour qu'ils puissent construire
l'œuvre et exercer les droits et privilèges concédés
par le traité, la République de Colombie donne aux
Etats-Unis le droit de contrôle, pour un terme de
cent ans, prorogeable à la seule et absolue option
des Etats-Unis, sur une zone de cinq kilomètres de
chaque côté du canal sur toute la longueur, à partir
de la ligne médiane. Les Etats-Unis pourront aussi
occuper, s'ils le croient utile pour l'œuvre du canal,
les petites îles de la baie de Panama appelées Perico,
Naos, Culebra et Flamenco (art. II et III).

La police sur toute la zone du canal sera Nord-
américaine et des tribunaux mixtes ou simplement
américains régleront les différends (art. 13).

La Colombie s'engageait d'autre part à ne pas louer,
concéder ou vendre à aucune puissance étrangère
aucun territoire, port ou ouvrage d'où l'on puisse
entraver la construction, l'exploitation et le libre
usage du canal et ses dépendances (art. VI).

La Colombie déclarait Panama et Colón ports
francs et libres (art. VIII).

Les Etats-Unis auront l'usage de tous les ports de
la Colombie ouverts au commerce comme lieu de
refuge pour tous les navires employés dans l'œuvre
du canal. Le gouvernement colombien ne pourra
exiger aucun impôt à ces navires (art. XV).

Il était stipulé en principe que c'était à la Colombie qu'incombait la charge de défendre le canal; mais si le gouvernement de Bogota ne se sentait pas capable de résister, il pouvait demander aide à Washington et ce gouvernement devait lui venir en aide. D'autre part si les circonstances étaient très graves, le gouvernement des Etats-Unis était autorisé à agir de sa propre initiative; mais il devait retirer ses troupes dès que la Colombie aurait amené des forces suffisantes (art. XXIII).

Comme on le voit par les articles ci-dessus Mr. Hay n'a pas voulu renoncer à ses exigences premières en ce qui concerne la perpétuité de la concession, la largeur de la zone, les tribunaux américains dans le canal et l'occupation par les Etats-Unis des îles de la baie de Panama. Il est vrai que dans la rédaction de certains articles on voit son désir de ménager la susceptibilité colombienne par quelques atténuations. Mais en réalité il a eu ce qu'il voulait. N'est-ce pas la même chose d'avoir la zone pour le canal à perpétuité, que de l'avoir pour des termes à cent ans, prorogeables à la *seule et absolue* option des Etats-Unis? Et si les Etats-Unis peuvent occuper les îles de la baie de Panama quand ils le jugeront nécessaire pour la construction, conservation et exploitation du canal (art. III), est-ce qu'ils ne considéreront pas cette occupation nécessaire le lendemain même du commencement des travaux?

En échange de ces concessions les Etats-Unis s'engageaient à exécuter le travail dans le plus bref délai
possible et à payer à la Colombie 10 millions de dollars lors de l'échange des ratifications et neuf ans
après cette date 250.000 dollars chaque année
(art. XXIV et XXV).

De 7 millions de dollars qu'il offrit au commencement et d'une annuité de 100.000 dollars à compter
de la quatorzième année, Mr. Hay a donc augmenté
jusqu'à 10 millions et 250.000 comme annuité. C'est
une concession considérable. Il est vrai aussi que la
Colombie par le traité renonçait à toucher 250.000 dollars par an du chemin de fer de Panama et plus de
100.000 pour les droits de port et de phare.

Le gouvernement colombien avait le droit de
transporter par le canal ses vaisseaux, troupes et
munitions de guerre sans payer aucun droit. La
même exemption lui est faite dans le chemin de fer
auxiliaire (art. XVII).

La souveraineté de la Colombie et la neutralité du
canal étaient reconnues par les articles IV et XVI :

Art. IV. — « Les droits et privilèges concédés aux
Etats-Unis par cette convention, n'affecteront pas la
souveraineté de la République de Colombie sur le
territoire à l'intérieur duquel ces privilèges s'exerceront. Le gouvernement des Etats-Unis reconnaît
entièrement cette souveraineté et affirme ne pas
vouloir l'altérer en rien ».

Art. XVI : « Le canal une fois construit sera perpétuellement neutre d'accord avec les stipulations du traité signé le 18 novembre 1901 entre les Etats-Unis et la Grande-Bretagne. »

C'est très clair et net !

L'article XXVIII, le dernier du traité, dit : « La convention une fois signée par les parties contractantes, sera ratifiée *conformément aux lois des deux pays* ».

D'après cette disposition le traité fut soumis à l'approbation du Sénat américain au mois de février 1903. A la suite de débats prolongés et véhéments, et l'ajournement à une session supplémentaire, le Sénat le ratifia le 17 mars suivant.

III

LE TRAITÉ HERRAN-HAY
AU SÉNAT COLOMBIEN

Nous avons vu déjà l'opinion qui semblait dominer
à Bogota sur les points essentiels du traité et l'avis
émis par la *Junta* convoquée par le Président Marroquin. Le traité une fois connu, la presse du pays
le discuta avec chaleur, sans réserves et certainement
sans la modération et la prévoyance qui auraient été
précieuses à cette heure solennelle de la vie nationale.
Une des plus longues et terribles de nos guerres
civiles venait de se terminer et les passions politiques étaient plus exaltées que jamais. Dans la
fièvre de la polémique beaucoup de nos pamphlé-
taires prirent le traité Herran-Hay comme une arme
contre le gouvernement de Mr. Marroquin qu'on alla
jusqu'à accuser de trahison à la Patrie, d'être de
connivence avec l'étranger pour vendre le sol
national.

Dans un tel état des esprits la conduite imprudente, pour employer l'expression la moins sévère, du ministre américain à Bogota, mettait la question du traité sur le terrain de l'intimidation. Avant la réunion du Congrès, Mr. Beaupré, ministre des Etats-Unis, communiquait au ministre des Affaires étrangères de Colombie, à la date du 24 avril 1903 :

« Je suis chargé de porter à la connaissance de votre Excellence, si on venait à soulever la question, que tout ce qui a rapport à cette affaire se trouve compris dans la convention récemment signée entre la Colombie et les Etats-Unis, et qu'en outre toute modification serait violatrice du *Spooner Act*, et par conséquent inadmissible. »

Et plus tard le 13 juin, toujours avant la réunion du Congrès colombien, il disait :

« Si la Colombie repoussait ce traité, ou en retardait indéfiniment la ratification, les relations amicales entre les deux pays seraient si sérieusement compromises, que le Congrès américain pourrait prendre, dans le courant de l'hiver prochain, des mesures que tout ami de la Colombie verrait avec peine. »

. . . .

Vraiment c'est le couteau sur la gorge !!!...

Le Congrès convoqué par le Président Marroquin à des sessions extraordinaires et expressément pour lui soumettre le traité, se réunit à Bogota le 20 juin suivant.

Au moment où on discutait au Sénat le traité, Mr. Beaupré a voulu faire encore sentir l'intimidation dans une note au ministre des Affaires étrangères. La note datée du 5 août, disait :

« Si la Colombie désire maintenir les relations amicales existant entre les deux pays, et s'assurer en même temps les avantages extraordinaires qui en découleront pour son propre bien..., le traité Hay-Herrán devra être ratifié sous tous les rapports dans sa forme actuelle, sans amendement aucun. »

Ces procédés menaçants adoptés par le représentant des Etats-Unis à Bogota n'étaient pas du tout d'accord avec les principes généralement admis par le Droit international. Le gouvernement de Washington avait paru à différentes reprises s'intéresser à la voie de Nicaragua et ce ne fut qu'après de longues études qu'il choisit définitement la voie de Panama. Il avait attendu pour cela la fin des débats du traité Herrán Hay au Sénat et que cette assemblée eût approuvé le traité.

Mais pour la Colombie les choses devaient se passer autrement : pour elle, il n'y avait pas d'études à faire, ni des considérations à tenir compte, ni des intérêts importants et vitaux à sauvegarder. Non, pour elle tout devait se passer en hâte sous la pression et la menace. A peine le Sénat de Bogota commençait la discussion du traité que Mr. Beaupré envoyait l'ultimatum que l'on sait. D'après lui une

seule modification au projet de traité provoquerait
« des mesures que tout ami de la Colombie verrait
avec peine. »

Quand le Sénat colombien se réunit, il nomma
une commission de neuf de ses membres les plus dis-
tingués, un sénateur pour chacun des départements
dont se composait alors la Colombie, afin d'étudier
le traité. Cette commission présenta son rapport le
31 juillet favorable à la convention, mais proposant
quelques modifications importantes (1) dont voici
les principales :

Dire clairement dans l'article II que la Colombie
cède aux États-Unis *le droit* de se servir de la zone
du canal autant qu'il soit nécessaire pour les travaux ; exprimer avec précision que les droits qu'on
cède aux États-Unis sont à manière de servitude et
avec exclusion de toute idée de transfert de domaine,
en établissant très clairement que la concession est
faite à perpétuité. La zone sur laquelle porte la servitude devra être très précisément délimitée, et
exclure d'une manière péremptoire les villes de
Colon et Panama.

Dans l'article XIII, on devra supprimer, comme
contraire à la Constitution, tout ce qui a rapport à
l'établissement des tribunaux américains et à l'application en territoire colombien des lois des États-
Unis ; les règlements de police et sanitaires qui

1. Voir *Livre Bleu*, p. 83 à 96.

devront être mis en vigueur dans la zone du Canal seront l'objet d'un accord spécial entre les deux gouvernements.

Finalement la Commission proposait une clause additionnelle au traité pour indiquer le Tribunal qui devrait résoudre les différends, les conflits qui pourraient surgir entre les deux parties sur l'interprétation et l'observation du traité.

On voit bien par les amendements proposés par la commission que c'était toujours la question de souveraineté, de dignité nationale qui préoccupait le Sénat. On considérait le traité inadmissible au point de vue constitutionnel parce qu'il impliquait la vente à une puissance étrangère d'une portion du territoire national. La Commission ne parla même pas de la question d'argent. Et cependant des personnes qui ignorent les faits, qui ne connaissent en rien la mentalité du peuple colombien, continuent toujours à dire, en France et ailleurs, que si le Sénat colombien rejeta l'approbation du traité Herrán-Hay, ce fut seulement avec l'espoir de se faire mieux payer la concession.

Fait à remarquer : Le sénateur de Panama, M. Obaldia— le même qui fut plus tard Président de la pseudo-République — faisait partie de la Commission et il a signé les amendements proposés au traité.

Le Sénat se préparait à chercher un moyen pour

solutionner le conflit à l'amiable quand l'intimidation du Ministre américain du 5 août notifiant « que le traité devait être ratifié *sans aucun amendement* » vint exalter davantage les passions et surexciter les esprits. Effectivement et malgré les efforts du Ministre des Affaires étrangères M. Rico, le traité fut rejeté purement et simplement dans la séance du 12 août à l'unanimité des voix. M. Obaldia n'assista pas à la session.

L'ancien Président de la République, l'écrivain illustre et l'éminent orateur M. Caro, fut le porte-parole au Sénat de l'opposition au traité. C'est lui qui a rédigé le projet de loi par lequel le Sénat rejeta la convention, loi dont le paragraphe 2 est ainsi conçu :

« Si le Congrès colombien n'a pas pu approuver le traité Herrán-Hay, cela ne signifie pas le moindre manque de sympathie pour le Gouvernement des Etat-Unis ; au contraire le Congrès confirme solennellement par cette loi les sentiments de fraternité américaine qui animent le peuple colombien à l'égard de la Grande République du Nord. Le Congrès espère avec la plus grande confiance que les amicales relations jamais interrompues qui existent heureusement entre la Colombie et les Etats-Unis d'Amérique se maintiendront inaltérables à travers les temps (1). »

1. *Livre Bleu*, p. 140.

Le lendemain une commission de trois sénateurs était nommée pour étudier la manière de se mettre d'accord avec le gouvernement américain pour la construction du canal de Panama.

Nous croyons que c'est un fait indéniable que le Sénat colombien avait le droit de modifier le traité Herrán-Hay parce qu'il était contraire à la Constitution et aux lois du pays. Après la notification du ministre américain que son gouvernement *n'admettrait aucun amendement*, il n'y avait pour le Sénat d'autre issue que de le rejeter purement et simplement. Le gouvernement des Etats-Unis a fait de cette attitude du Sénat colombien un grief contre la Colombie pour tâcher d'excuser sa participation dans la révolution de Panama. Mais si le Cabinet de Washington était décidé à n'accepter aucun amendement à la convention du 22 janvier 1903, pourquoi alors avoir stipulé dans l'article XXVIII du traité qu'il serait ratifié « d'accord avec les lois des deux pays ? » — N'est-ce pas, d'ailleurs, la doctrine pratiquée par tous les pays constitutionnels du monde civilisé ? — Les Etats-Unis ont-ils protesté quand le *gouvernement anglais* fit de sérieuses modifications au projet primitif de traité Hay-Pauncefote ? — Aujourd'hui même, (juin 1918), le Sénat américain n'a pas encore ratifié le traité signé à Bogota le 6 avril 1914 entre le ministre des Etats-Unis et le ministre des Affaires étrangères de Colombie, traité ratifié par les

Chambres colombiennes depuis les sessions de 1914.
En retardant cette ratification — si pénible soit le
retard pour la cause de la justice — le Sénat américain est en son plein droit de souveraineté.

Non, le Sénat colombien était en son plein droit
pour *modifier* d'abord, pour rejeter ensuite, le traité
Herrán-Hay. Le grand tort du Sénat a été de trop
compter sur l'esprit légaliste du gouvernement américain en croyant qu'ils se soumettrait et obéirait à
la loi Spooner lui ordonnant de négocier avec le
Nicaragua s'il ne pouvait avoir la concession de la
Colombie. Le Sénat de Bogota n'a pas su ou n'a pas
voulu voir ce que M. Martinez Silva annonçait dès
1901 : que le colonel Roosevelt ferait le canal avec
ou sans l'autorisation de la Colombie.

Maintenant, à la lumière des faits accomplis, on
peut se demander si le Sénat colombien n'aurait pas
mieux servi les intérêts de son pays en approuvant
le traité du 22 janvier sans s'arrêter à des considérations d'un nationalisme exagéré, sans préoccupations de doctrine constitutionnelle ?

L'histoire impartiale dira plus tard, quand le temps
aura apporté tous les éléments d'un jugement serein
si les sénateurs colombiens de 1903 méritent l'approbation ou le blâme des générations futures.

IV

LA RÉVOLUTION DU 3 NOVEMBRE

Au début de septembre la Légation colombienne
à Washington annonçait au gouvernement de Bogota que des agents révolutionnaires de Panama
étaient arrivés à la Capitale fédérale et que si le traité
n'était pas ratifié avant le 22 septembre la révolution
était probable, avec l'appui américain. Dans une
note adressée au Ministère des Affaires étrangères,
le 11 septembre, M. Herrán ajoutait : « l'annonce que
je vous ai donnée sur l'atittude future probable du
Président est fondée sur certaines paroles mena-
çantes qui lui ont échappé dans des conversations
privées ; il a dit qu'il se hâterait de reconnaître l'indépendance de notre département de Panama » (1).

Aussitôt que le Congrès colombien clôtura ses sessions sans avoir approuvé le traité, le Président
Marroquin donna des ordres par câble à M. Herrán
de manifester au secrétariat d'Etat qu'il était prêt

____

1. *Livre Bleu*, p. 364.

à étudier avec lui les bases d'un traité où le droit
de souveraineté de la Colombie sur la zone du canal
fussent mieux sauvegardés.

« Mais il était déjà trop tard. La conspiration s'or-
ganisait depuis quelques mois à Washington. Les
directeurs du mouvement révolutionnaire à Panama
reçurent des communications de personnages importants des cercles financiers de New-York qui leur
garantissaient le concours de hautes personnalités
officielles pour déchaîner sur la Colombie une guerre
civile, dont l'objet serait la séparation de l'isthme et
la prise de possession sur la zone du canal par les
Etats-Unis. »

« Avec l'espoir de cette aide, une commission
partit pour Washington dans le but de faire les
démarches pour obtenir l'appui ou la connivence
du Président Roosevelt et du secrétaire d'Etat.
Mr. Cromwell, avocat de la Compagnie du Canal de
Panama, était un des chefs de la conspiration. Le livre
The Story of Panama récemment donné au public
par le Comité des Affaires étrangères de la Chambre
des Représentants américaine, livre publié conformément à la résolution Rayney qui ordonna de faire
une enquête sur la participation du gouvernement
américain dans la séparation de Panama, contient
des documents vraiment révélateurs » (1).

____

1. Voir le livre cité, Washington, 1913.

« Mr. Philippe Bunau-Varilla dans son ouvrage déjà cité (1) revendique pour lui la direction supérieure du mouvement. En réalité les deux tentatives poursuivaient le même but, et comme elles présentaient des attraits et des avantages pour des hommes d'affaires et d'aventures comme M. M. Cromwell et Bunau-Varilla, l'un et l'autre s'intéressèrent à l'affaire. Mais le centre où forcément devaient aboutir tous les fils de ce mouvement était la Maison Blanche et le révolutionnaire qui donnait corps à la sédition était Mr. Théodore Roosevelt. Lui-même l'a reconnu plus tard quand il a dit dans un discours à San-Francisco avec son incontinence de langage coutumière : « I took Panama », J'ai pris Panama.

Mr. Bunau-Varilla raconte l'entretien qu'il eut avec Mr. Roosevelt le 10 octobre et où la révolution fut décidée. « Je suis sorti du cabinet du Président ayant achevé d'acquérir tous les éléments nécessaires à l'action », ajoute Mr. Bunau-Varilla.

« Le 15 octobre, nouvelle conférence de Mr. Bunau-Varilla, mais cette fois avec Mr. Hay, secrétaire d'Etat. Mr. Hay promit au zélé révolutionnaire que si le mouvement éclatait à Panama, le gouvernement des Etats-Unis ne serait pas pris au dépourvu et qu'il avait déjà donné des ordres aux navires américains sur le Pacifique de se rapprocher de l'isthme. »

1. *Panama*, par Bunau-Varilla, p. 405 et suiv.

« Un des représentants du groupe partit pour Panama avec la mission de faire éclater le mouvement le 3 novembre au plus tard. En même temps le gouvernement des Etats-Unis donnait l'ordre au croisseur *Dixie* de se diriger vers Colón. Le plan paraissait réunir tous les éléments de succès lorsqu'on apprit à Washington que les troupes colombiennes s'étaient embarquées à Barranquilla vers Colón. Elles allaient arriver avant que la révolution éclatât et avant que le *Dixie* se trouvât à Colón pour empêcher le débarquement de ces troupes. Le chef des révolutionnaires signala immédiatement le fait à Mr. Loomis, sous-secrétaire d'Etat, qui d'urgence ordonna au croiseur *Nashville* qui était à la Jamaïque, de se rendre sans retard à Colón. Le capitaine du *Nashville* emportait, sous pli cacheté, l'ordre d'empêcher le débarquement des troupes du gouvernement colombien à Colón, à Porto-Bello ou sur n'importe quel autre endroit de l'isthme. Jusqu'à ce moment il n'y avait eu aucun mouvement révolutionnaire, et cependant l'ordre était déjà donné d'empêcher le débarquement des troupes colombiennes. »

« Le délai fixé pour le pronunciamento était au plus tard le 3 novembre. Cependant la nouvelle de la révolution n'arrivait pas au département d'Etat. Le sous-secrétaire d'Etat, M. Loomis adressa à 3 h. 40 de

l'après-midi la dépêche suivante au Consul des E. U.
à Colon :

« Sommes informés qu'un soulèvement s'est effec-
tué dans l'isthme ; informez de suite ce département de ce qui arrive. »

Le Consul américain répondit : « Le soulèvement
n'a pas encore eu lieu ; on annonce qu'il se produira
ce soir. La situation est critique ».

« A 6 heures du soir, grâce à la subornation d'un
chef de bataillon, éclata dans la ville de Panama le
mouvement qui proclama la séparation de la Colombie ».

« A 11 h. 1/2 du soir, le sous-secrétaire d'Etat
réitérait au commandant du croiseur américain l'ordre
d'empêcher les troupes colombiennes d'arriver à
Panama. Le général Tobar était emprisonné par les
rebelles. Quarante-huit heures après le gouvernement
de Washington entrait en relations officielles avec
le triumvirat révolutionnaire (1) ».

Voilà les faits tels qu'ils apparaissent du *Livre
Bleu colombien* de *The Story of Panama* publié par
la Chambre des Représentants des Etats-Unis et du
livre *Panama* de Mr. Bunau-Varilla.

Tout cela était-il conforme au droit international ?
Nous ne le croyons pas. Tous les auteurs sont caté-

---

1. Voir la remarquable étude *la Doctrine de Monroë et la politique Roosevelt à Panama*, Bruxelles, 1914, p. 14 à 18.

goriques sur ce point : pour qu'une province puisse se séparer de l'Etat qui la gouverne et former une personnalité distincte du droit des gens et que ce nouvel Etat existe de fait, il faut qu'il constitue « une association indépendante de toute autre ».

Or, ici, il n'y a aucun doute, la province de Panama n'était pas indépendante à sa naissance ; elle ne devait pas le jour à ses propres forces ni à celles de la volonté d'un ensemble de grandes puissances dont les politiques diverses auraient pu, en se contrebalançant par rapport à elle, amener une indépendance de fait.

La nouvelle République dépendait uniquement des Etats-Unis ; sans les croiseurs américains pour empêcher le débarquement, les troupes colombiennes auraient maîtrisé en quelques heures la rébellion.

Despagnet (1) blâme en ces termes le rôle des Etat-Unis dans la révolution de Panama :

« On ne saurait approuver la conduite des Etats-Unis qui, pour favoriser leur mainmise sur le futur Canal, après avoir fomenté et aidé l'insurrection de la Province de Panama, ont empêché par la menace, la Colombie de rétablir son autorité, et qui, la République de Panama ayant été proclamée le 3 novembre 1903, l'ont reconnue le 13, alors que la Colombie

______

1. Despagnet, *Cours de Droit International Public*. Paris 1910, n° 85, 6°, p. 111.

s'apprêtait à réduire les rebelles : il y a là une intervention injustifiable d'un Etat puissant dans les
affaires intérieures d'un pays faible ».

Cette attitude du gouvernement de Washington
qui aurait été injuste et odieuse à l'égard de n'importe
quel pays d'Amérique l'a été davantage lorsqu'il
s'agissait de la Colombie avec qui les Etats-Unis
étaient liés par un traité spécial de paix et d'amitié.
Nous avons vu déjà dans la première partie de cette
étude que, par l'article 35 du traité de 1846 célébré
entre la Nouvelle-Grenade et les Etats-Unis, ceux-ci
garantirent à celle-là la neutralité absolue de l'isthme
de Panama et s'engagèrent à « respecter religieusement les droits de propriété et de souveraineté que
la Nouvelle-Grenade possède sur le dit territoire ».

Les obligations imposées aux Etats-Unis par le
traité de 1846 ont toujours été reconnues sans con-
teste par tous les Présidents de l'Union, depuis Polk
et Buchanan jusqu'à Cleveland et Mac-Kinley. Il
était réservé au Président Roosevelt de sauvegarder
les droits de souveraineté de la Colombie dans l'isthme
en préparant tous les éléments nécessaires pour les
anéantir ; à lui était réservé le rôle peu honorable
de ne pas respecter la foi publique de son pays.

Plus tard il tâchera de justifier sa conduite en
disant qu'il a agi ainsi pour sauver la cause de la
civilisation en construisant le canal, pour en finir
avec les guerres civiles en Colombie, pour libérer les

Panamiens de la tyrannie colombienne. Dans un de ses discours abracadabrants il osera même rapprocher ses actes avec la Colombie des plus pures actions de Washington et de Lincoln et comparer l'indépendance de Panama à celle des Etats-Unis.

Mais le monde civilisé, en commençant par l'opinion honnête de la Grande République, a déjà prononcé son verdict. Le gouvernement de M. Roosevelt n'a pas obéi aux règles du droit international en encourageant la révolution dans l'isthme et en reconnaissant avec la hâte que l'on sait l'indépendance de la pseudo-république.

Le soulèvement panamien n'a non plus aucun point commun avec la grande Révolution française, ni avec la longue et glorieuse guerre d'émancipation des colonies espagnoles où domine le génie supérieur de Bolivar voyant loin, voulant ferme, ni même avec l'indépendance des Etats balkaniques. La révolution de Panama fut pour ce peuple une simple question d'argent. Chercher à soutenir le contraire serait faire de la mauvaise histoire dont l'avenir ne voudrait pas. Le Président Roosevelt fut la cause de cette révolution, il a usé du droit du plus fort, pleinement, brutalement, sans scrupule : *quia nominor leo*.

V

LES ÉTATS-UNIS
ET LA SÉPARATION DE PANAMA

Une fois la révolution de Panama consommée, les États-Unis firent les choses à l'américaine et hâtèrent le dénouement le plus possible. Le 13 novembre ils reconnurent comme Ministre de la nouvelle République à Washington, le Français Buneau-Varilla, un des chefs du mouvement.

Le Ministre des États-Unis à Bogota notifiait ce fait au gouvernement colombien dans la note suivante :

« *Légation des États-Unis à Bogota*. — Le 18 novembre 1903. A. S. E. M. Luis C. Rico, Ministre des Affaires étrangères de la République de Colombie. — J'ai l'honneur d'informer votre Excellence que le 13 courant le Président des États-Unis d'Amérique a reconnu la République de Panama, et a reçu formellement son Ministre plénipotentiaire. Je profite de cette circonstance pour renouveler à votre

Excellence l'assurance... Signé, A. M. Beaupré (1). »

Ainsi donc, huit jours ont suffi au Gouvernement de Washington pour reconnaître l'indépendance de la nouvelle République. Nous croyons que la pratique constante dans tous les pays civilisés a été toujours de ne reconnaître un nouvel Etat que lorsqu'il a montré qu'il était suffisamment fort pour maintenir par lui-même son indépendance. L'histoire diplomatique des Etats-Unis nous montre la pratique constante de cette doctrine. Nous avons vu, dès le début de cette étude, les difficultés suscitées par le Gouvernement américain pour reconnaître l'indépendance des anciennes colonies espagnoles. Ce ne fut qu'après une glorieuse lutte de douze ans et quand elles avaient l'indépendance *de facto*, que Monroë les a reconnues comme Etats libres et souverains. Il disait dans son message au Congrès en 1822 : « Si nous tenons compte de la longue durée de la guerre sud-américaine, des conditions actuelles des belligérants et de la complète impuissance de l'Espagne à changer la situation, nous nous voyons obligés de conclure que le destin s'est accompli, que les provinces déclarées indépendantes se sont bornées à le suivre et doivent être reconnues. »

Les Etats-Unis n'ont reconnu l'indépendance du Texas que deux ans après sa proclamation ; et ils

1. *Livre Bleu*, p. 604.

n'ont pas voulu reconnaître celle de la Hongrie en
1849, bien que ce pays eût un gouvernement orga-
nisé et possédât de puissantes ressources.

L'unique Gouvernement révolutionnaire qui en
Colombie (1861) interrompit la tradition légale, ne
fut reconnu par le Gouvernement de Washington
que deux années après, lorsqu'il exerçait sans con-
teste son autorité dans toute la République.
M. Seward, Secrétaire d'Etat du Président Lincoln,
disait alors à M. Murillo, Ministre accrédité par le
Gouvernement né de la révolution, que le Gouvernement américain avait résolu de ne rien faire dans
le sens de la reconnaissance du nouveau Gouvernement de Colombie « tant que la situation politique
ne serait pas éclairée et que le vote populaire n'aurait
pas sanctionné le nouveau régime » ; que la politique
adoptée par son Gouvernement ne lui permettait pas
« de reconnaître un agent révolutionnaire ni d'avoir
avec lui aucune espèce de relations officielles ou offi-
cieuses » (1).

Pendant la guerre de sécession américaine la seule
reconnaissance de la belligérance des Etats confé-
dérés du Sud par quelques puissances européennes,
combla d'émoi et d'indignation la diplomatie nord-
américaine. Mr. Adams, alors ministre des Etats-

---

1. Cas cité par M. Rico, Ministre des Affaires Etrangères de
Colombie dans sa note du 19 novembre 1903 au Ministre américain à Bogota, *Livre Bleu*, p. 604 à 607.

Unis à Londres, disait dans une note le 18 septembre 1861 : *Quand il y a une insurrection contre le Gouvernement d'un Etat, le premier devoir des Cabinets étrangers qui vivent en paix et amitié avec lui c'est de s'abstenir soigneusement de tout acte qui puisse avoir la moindre influence sur le résultat de la lutte.*

Il était réservé à Mr. Roosevelt de venir implanter la doctrine contraire, jetant ainsi une tache de boue dans l'histoire diplomatique du grand peuple américain.

Le gouvernement de Bogota aussitôt qu'il eut connu le mouvement révolutionnaire de Panama envoya une mission spéciale à Washington pour essayer d'arranger avec le gouvernement des Etats-Unis les différends qui existaient. Les membres de la mission ont voulu en passant par l'isthme débarquer avec des troupes colombiennes pour maîtriser l'insurrection ; mais les croiseurs américains s'y opposèrent. Arrivés à Washington à la fin de novembre ils ne furent même pas reçus par le gouvernement américain qui avait déjà reconnu l'indépendance de Panama, et signé dès le 18 (1) le traité par lequel les Etats-Unis devenaient maîtres absolus de la zone du canal.

------

1. Rougier remarque que la promptitude avec laquelle les deux gouvernements s'étaient mis d'accord, donnait à croire que le texte du traité avait été établi d'avance (Rougier, *Revue générale du droit international public*, 1904).

On peut dire que ce traité, appelé Hay-Bunau-Varilla, est l'aboutissant extrême de toute la politique américaine relative au canal interocéanique ; son texte va nous permettre de connaître la situation juridique de cet état souverain qui a un maître, « fantôme n'ayant même pas la ressource de se souvenir d'avoir été » (1).

Par cette convention les Etats-Unis devenaient maîtres d'une zone de dix milles de large avec monopole pour construire, entreprendre et exploiter tout système de communication entre les deux Océans. La République de Panama accordait également aux Etats-Unis et à *perpétuité* l'usage, l'occupation, et le contrôle des autres terres et eaux, en dehors de la zone précitée, qui pourraient être nécessaires et utiles pour la construction, la conservation, le service, l'hygiène et la protection de l'entreprise. Elle cédait, de plus, aux Etats-Unis et à perpétuité « toutes les îles qui se trouvaient dans le voisinage de cette zone et en outre les îles de la baie de Panama » ; elle cédait aux Etats-Unis tous les droits de souveraineté sur la zone du canal et leur accordait le privilège de tout moyen de communication à travers l'isthme ; leur donnait le droit d'acquérir dans l'exercice de leur droit de propriété toute espèce de biens immeubles dans les villes de Panama et de Colon » ;

-----

1. Tavernier, *op. cit.*

elle cédait aux Etats-Unis tous les droits que Panama pourrait avoir ou acquérir sur les propriétés de la Nouvelle Compagnie du Canal et de la Compagnie du chemin de fer comme résultat du transfert de la souveraineté de la République de Colombie sur l'isthme de Panama »; enfin la République de Panama « accordait en outre aux Etats-Unis de nombreuses franchises et privilèges ».

Comme prix et compensation de tous les droits et privilèges accordés aux Etats-Unis, ceux-ci garantissaient l'indépendance de Panama et lui payaient 10 millions de dollars et une rente annuelle de 250.000 dollars à partir de la neuvième année.

La nouvelle République fut rapidement reconnue par la plupart des Etats ; on dirait que tous avaient hâte d'approuver l'œuvre de la violence et de la spoliation : par la France le 16 novembre, par l'Allemagne le 30, le 6 décembre par la Russie, le 24 décembre par l'Angleterre. Seules deux nations retardèrent quelques mois cette reconnaissance par égard pour la Colombie : la noble Mère Patrie, la toujours généreuse et chevaleresque Espagne et notre bonne sœur et voisine l'Equateur.

Nous lisons aujourd'hui constamment dans la presse des Alliés, l'étonnement, la surprise et même la plainte de ce que les gouvernements neutres n'aient pas protesté solennellement contre la violation de la neutralité de la Belgique par l'Allemagne, neutralité

que celle-ci s'était engagée à respecter par des traités.
Et on a envie de demander à ces écrivains : quel
pays protesta en 1903 contre la spoliation dont
fut victime la Colombie ? La nation qui se dit le
champion du droit et de la justice dans le monde
n'a-t-elle pas été la première à approuver l'injustice ?
Les Etats-Unis que par le traité de 1846 étaient
garants de la souveraineté de la Colombie sur l'isthme,
ne sont-ils pas en faisant de ce traité un autre chiffon
de papier (1), en foulant aux pieds les droits de la
Colombie, ne sont-ils pas aussi criminels que l'Allemagne envahissant la Belgique ? Ou est-ce que le
droit et la justice ne sont pas des principes éternels
et immuables ? Le fait qui a été digne d'approbation
en 1903, serait-il par hasard condamnable en 1914 ?

Puissent l'infâme spoliation dont a été victime notre
chère Patrie et la dure épreuve que supporte aujour-
d'hui avec vaillance l'admirable Belgique, puissent-
elles, disons-nous, apprendre à l'une et à l'autre qu'il
ne suffit pas aux peuples pour être respectés d'avoir
le droit de leur côté. Dans le temps où nous vivons,
il faut plus qu'être fortes de leur droit aux nations
qui veulent être respectées : il leur faut être fortes
de leur force.

Mr. Roosevelt et ses partisans, ne pouvant justifier
leur conduite avec la Colombie, ont prétendu que sans

1. Voir *Colombia and the United States, a juridical Study of
another « scrap of paper »*. Londres, 1915.

l'intervention énergique du Président l'œuvre du canal
n'aurait pu être terminée. Rien de moins vrai. La
Colombie n'avait jamais été un obstacle à l'ouverture
du canal et elle a toujours prouvé qu'elle s'intéressait
vivement à la réalisation de cette œuvre grandiose.
Nous avons vu, dans la première partie de cette
étude, qu'elle se montra très libérale dans le contrat
de concession à Mr. Bonaparte Wise. Après la faillite
de la Compagnie, la Colombie donna des preuves de
sa bonne volonté en accordant plusieurs délais et
prorogations. Plus tard, quand les partisans du
canal par le Nicaragua parurent avoir le dessus, ce
fut Mr. Martinez Silva, ministre de la Colombie à
Washington, qui tira la Compagnie Nouvelle du
Canal de sa torpeur et prit l'initiative de nouvelles
négociations avec les Etats-Unis. On a parlé de cupi-
dité de la part de la Colombie. Nous avons vu que
la Commission du Sénat qui proposa quelques amendements au traité Herrán-Hay ne parla même pas de
la question d'argent. M. Bunau-Varilla lui-même
reproduit dans son livre (1) la lettre du ministre,
M. Concha, quand il lui faisait voir les millions
que la Colombie abandonnerait pour ne pas se soumettre aux conditions exigées : « Pour la Colombie
l'affaire du canal n'est pas une affaire d'argent,
mais principalement une affaire de hauts intérêts qui

1. Bunau-Varilla, *Panama*, p. 290.

ne peuvent se discuter commercialement et que par
ce seul aspect », disait le diplomate colombien.

La Colombie ne s'est donc jamais opposée à
l'œuvre du canal et n'a pas voulu non plus user de
mesures dilatoires ; au contraire, elle a toujours été
disposée à causer, à négocier avec Washington. Mais
avant d'approuver définitivement le traité Herrán-
Hay elle a voulu tâcher de chercher la manière de
sauvegarder sa souveraineté dans l'isthme. Le
président Roosevelt, au lieu de se prêter à une négociation à l'amiable, ordonna à son représentant à
Bogota d'envoyer l'ultimatum et prépara la révolution
du 3 novembre. En agissant de la sorte il assura sa
réélection et avança peut-être de quelques mois la
continuation des travaux du canal. Mais cela ne
suffit pas pour justifier sa conduite devant le monde
civilisé.

L'analyse la plus parfaite et la plus scientifique
que l'on puisse faire de l'action des Etats-Unis dans
l'affaire de Panama est toute entière contenue dans
la note du général Reyes du 23 décembre 1903 au
secrétaire d'Etat, et surtout dans celles envoyées par
le ministre des Affaires étrangères de Colombie,
M. Rico, au ministre américain à Bogota (1).

Mais à l'exposé des réclamations de la Colombie,
à sa demande de porter le différend devant le tribunal

---

1. Voir ces notes dans le *Livre Bleu*, p. 415 à 431, 591 à 645.

de la Haye, M. Roosevelt, ses secrétaires d'Etat et ses ministres à Bogota firent la sourde oreille et haussèrent les épaules. Si quelquefois ils répondirent ce fut par des notes courtes, brèves, sèches, brutales.

Nous aimons à finir ce chapitre par ces mots d'un avocat français qui a fait sur l'affaire de Panama une très importante étude juridique :

« En latins subtils qui ont le sens à la fois du juste et du juridique, les hommes de Bogota ont montré pour eux tous les arguments du droit des gens. Ils ont épuisé la doctrine, les traités, la jurisprudence générale et même particulière aux Etats-Unis et ils ont montré d'une façon claire que tous ces textes leur donnaient raison. Ce fut tellement net, tellement sans réplique, que pas une seule fois le gouvernement de Washington n'essaya de répondre sur ce terrain de la science et du droit. Toujours il a affirmé que le traité de 1846 autorisait les Etats-Unis à pactiser avec la révolution, et lorsque, du département des Affaires étrangères de Colombie, on lui eut montré l'inanité de cette thèse, pas une seule fois de Washington on n'a articulé la moindre des justifications. Quand on a sous les yeux les notes qui furent échangées alors, celles du gouvernement colombien sont longues, précises, scientifiques ; celles des Etats-Unis sont toujours courtes, sèches, brutales ; c'est simplement et toujours un accusé de réception et l'affirmation d'un

fait ; il semble en les lisant qu'on entend le bruit des
canons modernes à tir rapide ; c'est tout aussi
décisif, implacable, meurtrier » (1).

1. Tabernier, *op. cit.*, p. 59 et 60.

TROISIÈME PARTIE

I

RELATIONS COLOMBO-AMÉRICAINES
DE 1904 à 1909

Après la conduite des Etats-Unis dans la révolution de Panama, ce que la Colombie aurait pu faire de mieux aurait été, peut-être, de s'abstenir d'envoyer un ministre à Washington, au moins pendant la durée de la présidence de Mr. Roosevelt. Mais ce ne fut pas l'opinion du gouvernement du général Reyes, arrivé à la présidence de Colombie le 7 août 1904. Il nomma en effet Mr. Diego Mendoza, envoyé extraordinaire et ministre plénipotentiaire de Colombie à Washington. Dans les instructions données à Mr. Mendoza par Mr. Climaco Calderón, alors Ministre des Affaires étrangères, on peut lire :

« Monsieur Mendoza, dans l'accomplissement de sa mission, commencera par convaincre le Gouvernement des Etats-Unis que le Gouvernement actuel de Colombie a le sentiment et la responsabilité de ses

grands devoirs... que l'indépendance de Panama est
un fait accompli dans l'opinion du Gouvernement
colombien et que si quelque doute pouvait lui rester
à cet égard, il lui suffirait de se rappeler que le premier traité conclu entre Panama et les Etats-Unis
contient la garantie expresse de l'indépendance de la
nouvelle République »... « Comme conséquence de
la reconnaissance de l'indépendance de Panama par
la Colombie, Mr. le Ministre est autorisé à signer une
convention postale, une convention consulaire, un
traité général de commerce et un autre d'extradi-
tion »... « Le sentiment général actuel en Colombie
est de rétablir les relations entre elle et la nouvelle
République » (1).

On verra plus tard que les instructions du ministre
des Affaires étrangères, surtout en ce qui concerne
la reconnaissance de l'indépendance de Panama,
n'étaient pas du tout conformes à l'opinion publique
du pays.

Arrivé à Washington, Mr. Mendoza ne fut pas très
heureux dans sa mission ; le Président Roosevelt le
reçut d'une manière froide et peu cordiale, pour dire
le moins. « J'ignore qu'il y ait encore des questions
pendantes entre mon pays et la Colombie », lui
répondit-il dans son discours de réception.

Mais cela ne fut pas tout. Une longue note de

1. *Boletin del Ministerio de Relaciones Exteriores*, mars 1908,
p. 403 et 404.

Mr. Mendoza demandant au gouvernement américain de soumettre le différend avec la Colombie au tribunal de la Haye, resta sans réponse.

Au mois de septembre 1906, Mr. Elihu Root, secrétaire d'Etat du gouvernement des Etats-Unis, qui venait de faire une tournée dans toutes les capitales sud-américaines, exprima au gouvernement de Colombie son désir de visiter la ville de Cartagène. Répondant au discours du ministre des Affaires étrangères qui était allé le recevoir, Mr. Root exprima « son sincère désir de ce que les *questions encore pendantes* entre la République de Colombie et les Etats-Unis d'Amérique pussent être arrangées pacifiquement dans un esprit d'amitié, de mutuelle estime et d'accord avec l'honneur des deux pays » (1).

Le peuple de Cartagène, qui écrivit de si belles pages dans l'histoire colombienne, a été pendant la visite de Mr. Root, d'une tenue, d'une correction irréprochables. Il ne pouvait acclamer ni faire d'ovations au secrétaire de Roosevelt, au successeur de Hay, mais il s'est découvert respectueux, en silence, sans un cri, au passage dans les rues de son hôte qui était le représentant officiel d'une grande nation.

M. Root s'est toujours montré ravi du respectueux accueil qu'il a reçu à Cartagène, et depuis lors il a été un des meilleurs soutiens des revendications

---

1. Vasquez Cobo, *Pro Patria*, p. 267.

de la Colombie, malgré ses attaches avec Mr. Roosevelt.

Dans son entretien à Cartagène avec Mr. Vasquez Cobo, ils discutèrent les bases d'un traité qui mettrait fin aux différends entre les deux pays.

Ces bases avec quelques modifications serviront à Mr. Enrique Cortés, nouveau ministre de Colombie à Washington, pour élaborer les traités Cortés-Root et Cortés-Arosemena.

II

LES TRAITÉS CORTÉS-ROOT
ET CORTÉS-AROSEMENA

Le 9 janvier 1909 ont été signés à Washington
trois traités conjoints : entre les Etats-Unis d'Amérique et la Colombie, entre la Colombie et Panama, et
entre les Etats-Unis et Panama. Comme seulement
les deux premiers nous intéressent dans cette étude,
nous allons voir ses principales stipulations.

*Traité Cortés-Arosemena, entre la Colombie et
Panama.* — La Colombie reconnaissait l'indépendance de la République de Panama et son existence
comme nation libre et souveraine (Art. 1).

Il y aura une paix et amitié inviolable et mutuelle
entre les Gouvernements et les citoyens des deux
Républiques (Art. 11).

La république de Panama cédait et transférait à la
Colombie les dix premiers payements annuels, de
250.000 dollars chacun, que Panama devait recevoir
des Etats-Unis d'après le traité Hay-Bunau-Varilla

du 18 novembre 1903. Ces payements seraient faits directement par les Etats-Unis à la Colombie et pour compte de Panama, de 1908 à 1917 commençant le 26 février 1908. En échange de cette cession la Colombie déclarait Panama libre de toute obligation ou responsabilité dans les dettes intérieures et extérieures colombiennes (art. III).

Dans l'article IX on fixait les limites entre Panama et la Colombie. Ces limites étaient celles fixées par la loi colombienne de 1855 entre les départements de Cauca et de Panama, mais seulement dans la ligne frontière de l'Atlantique au mont Aspave; pour fixer la ligne frontière de ce mont au Pacifique, le traité disait qu'on devrait soumettre la question à un tribunal d'arbitrage.

Comme le traité ne fut pas ratifié par l'opinion publique ni par les Chambres colombiennes, le gouvernement de Bogota ordonna plus tard à ses troupes d'occuper militairement la région de Juradó. Le gouvernement panamien protesta et s'adressa à Washington demandant protection d'accord avec le traité par lequel les Etats-Unis garantirent à Panama sa souveraineté dans tout le territoire de l'isthme; mais le gouvernement américain répondit qu'à son avis cette région appartenait à la Colombie et qu'en conséquence ce n'était pas le moment d'appliquer le traité de garantie.

Par les autres clauses du traité Cortés-Arosemena

on déterminait les droits et condition des Colombiens résidant à Panama et des Panamiens demeurant en Colombie.

Traité Cortès-Root. — Par cette convention les Etats-Unis accordaient à la Colombie le droit de transporter par le canal librement et sans payer aucun droit, ses troupes, matériel de guerre, navires de guerre, même en cas de guerre entre la Colombie et une autre nation, excepté Panama.

Les produits colombiens seraient admis dans la zone du canal dans les mêmes conditions que les produits américains ; la même concession existait pour les sacs postaux.

Les Etats-Unis reconnaissaient le transfert fait par Panama à la Colombie du droit de recevoir chaque année 250.000 dollars de 1908 à 1917 et commençant le 26 février 1908 et s'engageaient à faire ces payements à la Colombie pour compte de Panama.

La Colombie concédait aux Etats-Unis l'usage de tous les ports de la République ouverts au commerce comme lieux de refuge pour les navires employés dans les travaux du canal, ou pour n'importe quel navire américain qui aurait besoin d'arriver aux ports. La Colombie ne devrait exiger aucun droit ou impôt pour cette concession.

Le gouvernement du général Reyes, par message spécial du mois de février 1909, recommanda ces deux traités à l'approbation d'une soi-disant Assem-

blée nationale *élue ad hoc* et par des procédés anti-
constitutionnels. Mais aussitôt que leurs stipulations
furent connues, le pays tout entier se leva comme un
seul homme pour protester indigné. Le souvenir du
3 novembre 1903 était trop récent et la blessure
saignait encore.

A Bogota pendant trois jours du mois de mars 1909
eurent lieu des *meetings*, de grandioses manifestations
patriotiques dirigées par la jeunesse universitaire
pour demander au gouvernement de soumettre les
traités à l'étude du Congrès élu d'accord avec les
prescriptions constitutionnelles. C'est ce qu'on appelle en Colombie *les journées de Mars*.

En même temps arrivaient à la capitale, même
des lieux les plus éloignés du pays, des manifestations contre les traités. Le Président Reyes convoqua
les élections pour le Congrès et quelques jours après
il était obligé de donner sa démission.

Une fois réuni le Congrès, le nouveau Président
de la République n'osa même pas lui soumettre les
traités, tellement ils étaient condamnés par l'opinion
publique. Nous croyons qu'elle avait raison. Sans
doute tous les intellectuels du pays se rendaient
compte du besoin d'arranger au plus tôt une situation extrêmement gênante pour la Colombie. D'une
part ses relations toujours tendues avec les Etats-
Unis depuis 1903, étaient pour elle en même temps
qu'un danger, un véritable préjudice pour son com-

merce d'importation et d'exportation, dont les trois quarts se font avec la Grande République. D'un autre côté la non-reconnaissance de l'indépendance de Panama était pour les départements colombiens du Pacifique, dont presque tout le commerce avec l'Europe se fait par la voie de l'isthme, une source continuelle de difficultés. Tout cela était compris par l'opinion publique. Mais justement blessée dans ses sentiments patriotiques, elle voulait aussi voir dans ces traités un mot au moins de réparation pour la spoliation de 1903 et une indemnité de quelque considération pour les immenses dommages et préjudices soufferts.

Ne contenant rien de cela, les traités de 1909 ont été jugés mauvais et enterrés par l'opinion, et avec eux le gouvernement qui osa les recommander.

LE TRAITÉ DU 6 avril 1914
ET FAITS ANTÉCÉDENTS

La discussion par la presse des traités Cortés-Root-Arosemena et leur réprobation par l'opinion publique, éveillèrent dans le pays le souvenir de 1903 et un vif ressentiment contre les États-Unis et contre beaucoup d'entreprises américaines. On l'a bien pu voir à Bogota au mois de mars 1910.

Une Compagnie américaine était propriétaire des tramways de la capitale colombienne ; une dispute entre l'administrateur yankee et un passager colombien souleva une bagarre et des manifestations de la foule contre l'entreprise américaine. Le lendemain les citadins étaient invités par de grandes affiches à ne plus se servir du tramway, à boycoter l'entreprise étrangère. Pendant plusieurs jours les cars du tramway roulèrent vides par les rues de Bogota, avec les seuls employés ; personne ne voulait s'en servir. Le boycotage obligea la Compagnie à vendre l'entreprise à la municipalité de Bogota.

Cet incident qui aurait pu avoir de fâcheuses com-

plications pour la Colombie avec un ministre américain imprudent ou de mauvaise volonté pour le pays
— comme Beaupré, celui des intimidations au Congrès de 1903 — a pu s'arranger pacifiquement et à
la satisfaction de tous grâce aux bons offices de
Mr. Northcott, ministre américain, qui déploya beaucoup de tact pour terminer l'incident à l'amiable.

Il faut rendre cette justice au gouvernement de
Mr. Taft; il a été heureux dans le choix de ses
représentants à Bogota. MM. Northcotte et Dubois
ont laissé de charmants souvenirs dans la société
bogotaine par leur courtoisie et leur sincère sympathie pour le pays.

Les deux ministres colombiens envoyés à Washington pendant la présidence de Mr. Taft, Mr. Borda
et Mr. Ospina, lui ont demandé à plusieurs reprises
au nom du gouvernement colombien de soumettre
au tribunal de la Haye le point suivant : si le gouvernement américain avait, oui ou non, violé dans
l'affaire de Panama, le traité de 1846 entre la Nouvelle-Grenade et les Etats-Unis. Le cabinet de
Washington refusa toujours en alléguant que les
actes politiques du gouvernement américain ne
pourraient jamais être soumis à l'arbitrage.

En 1911 le secrétaire des Affaires étrangères des
Etats-Unis demanda à Mr. Ospina, ministre colombien à Washington, comment serait vue en Colombie une visite du secrétaire d'Etat, Mr. Knox.

Mr. Ospina répondit : « ... Parlant en mon nom personnel et sans savoir encore quelles instructions mon Gouvernement voudra bien me donner à cet égard, je prends la liberté d'indiquer que peut-être l'époque présente n'est pas très opportune pour une telle visite, vu que la Colombie se considère placée par les Etats-Unis dans une position tout à fait exceptionnelle. Elle est le seul membre de la nombreuse famille des nations indépendantes répandues sur la surface du globe à qui les Etats-Unis refusent, malgré ses demandes constantes et réitérées, de soumettre à l'arbitrage les questions pendantes entre les deux nations, questions d'une exceptionnelle importance pour l'une et pour l'autre. La Colombie dans sa faiblesse ose dire, respectueusement et simplement, comment il est dur de se voir soumise à un tel traitement. Ma patrie désire arranger le plus vite possible les affaires pendantes avec les Etats-Unis et le retard est la cause d'un grand malaise pour mon gouvernement (1). »

Le gouvernement de Mr. Restrepo n'a pas approuvé cette attitude de Mr. Ospina et l'a fait remplacer tout de suite à Washington.

Ce geste énergique du ministre colombien a été très commenté et très discuté en Colombie. Certainement il se peut qu'il n'ait pas été très diploma-

______

1. Cité par Uribe E., *op. cit.*, p. 90 et 91.

lique mais très conforme aux étroites et sévères for-
mules protocolaires ; mais peut-être croyons-nous,
que cette franche réponse a fait à Washington l'effet
d'un coup de cloche pour leur rappeler qu'il était
enfin grand temps de rendre justice à la faible
nation qui lui demandait depuis huit ans sans
être jamais entendue.

Effectivement à Bogota l'aimable diplomate Mr. Dubois cherchait toujours dans ses fréquents entretiens
avec le Président Restrepo et avec Mr. Urrutia,
ministre des Affaires étrangères, à trouver une
manière de solutionner les différends en ménageant
l'honneur des deux pays. Dans une conférence tenue
au ministère des Affaires étrangères, le 15 février
1913, Mr. Dubois présenta au nom de son gouvernement, les cinq propositions suivantes comme base
pour un arrangement entre la Colombie et les Etats-
Unis :

Première. — Approbation par la Colombie des
traités Cortés-Root et Cortés-Arosemena.

Seconde. — Payement à la Colombie par les Etats-
Unis de 10 millions de dollars pour l'option pour
construire un Canal interocéanique par la voie de
l'Atrato et pour le privilège pour les Etats-Unis
d'avoir des dépôts de charbon dans les îles colombiennes de San-Andrés et Providencia.

Troisième. — Intervention favorable des Etats-

Unis pour arranger les différends entre la Colombie
et Panama.

Quatrième. — Soumission à un tribunal d'arbitrage des réclamations colombiennes sur ses droits
reversibles dans le chemin de fer de Panama.

Cinquième. — Concession à la Colombie de droits
de préférence extraordinaires dans le Canal de
Panama.

Ces propositions n'ont pas été acceptées par le
gouvernement colombien. Mr. Dubois disait plus
tard à un journal américain que dans un de ses
entretiens au Palais de la Carrera avec le Président
Restrepo, celui-ci se leva et termina l'entretien par
ces paroles dites sur un ton courtois mais ferme :
« Mr. Roosevelt nous a pris Panama ; aujourd'hui
Mr. Taft vous envoie pour nous enlever le Canal
par l'Atrato et nos îles de Providencia. »

Mr. Dubois partit de Bogota sans avoir pu conclure de traité avec la Colombie ; mais il a été depuis
lors un des défenseurs les plus fermes et désintéres-
sés de notre pays.

L'arrivée au pouvoir du parti démocrate des Etats-
Unis, le 4 mars 1913, fut pour la Colombie un augure
de réparation et de justice. Le magistrat qui venait
à occuper le fauteuil de Washington, le Dr Wilson,
était un citoyen de très purs précédents et un convaincu de la cause du droit ; son secrétaire d'Etat
était Mr. Byran, bien connu dans l'Amérique latine

par ses manifestations réitérées en faveur des éternels principes de la justice et de l'équité.

Le Président Wilson a croisé des câblogrammes très cordiaux avec Mr. Restrepo le jour de sa prise de possession et ce même jour le président du Sénat américain tint ce langage tout à fait rassurant pour la Colombie :

« Le principe élevé de l'honneur, a-t-il dit, constitue la caractéristique du peuple américain. Les armées et les navires de guerre ne peuvent se substituer à lui. Ces éléments militaires ont leur valeur, mais le peuple n'a jamais voulu que l'autorité s'en servît comme moyens de poser des actes de voleur de grand chemin. »

« Si quelqu'un, au nom du peuple américain et en violant les obligations d'un traité ou les principes de la Doctrine de Monroë, s'est emparé du bien d'autrui, pendant que le Sénat discutait, c'est votre devoir de faire une enquête ; et s'il a été commis une injustice ou un préjudice, même avec la plus humble des républiques, le pays doit avoir suffisamment de courage et d'honnêteté pour accorder une réparation. »

Quelque temps après la Chambre des Représentants américaine votait la proposition Rayney ordonnant de faire une enquête sur l'affaire de Panama.

Animé des meilleures intentions arriva à Bogota vers la fin du mois d'août 1913 le nouveau ministre américain, Mr. Taddeus A. Thomson, membre influent du parti démocrate.

C'est lui qui après des longs pourparlers élabora avec Mr. Urrutia et la Commission des Affaires étrangères des Chambres colombiennes le traité qui porte son nom, et qui a été signé à Bogota le 6 avril 1914.

LE TRAITÉ DU 6 AVRIL, 1914

Cette convention porte le titre suivant :

Traité entre la République de Colombie et les Etats-Unis d'Amérique pour arranger leurs différends provenant des événements qui eurent lieu dans l'isthme de Panama en novembre 1903.

Le gouvernement des Etats-Unis d'Amérique désireux de mettre fin à toutes les controverses et différends avec la République de Colombie provenant des événements d'où résulte la situation actuelle de l'isthme de Panama, en son propre nom et au nom du peuple des Etats-Unis, exprime un sincère regret pour tout ce qui a pu interrompre ou altérer les relations de cordiale amitié qui pendant si longtemps ont existé entre les deux nations (art. 1).

L'article II stipule des droits de préférence pour la Colombie dans le Canal ou la Zone du Canal pour le passage ou transport de ses troupes, vaisseaux, fruits de son sol, etc...

Les Etats-Unis d'Amérique conviennent de payer à la République de Colombie dans les six mois suivants la ratification de ce traité, la somme de 25 millions de dollars, or américain (Art. III).

La République de Colombie reconnaît Panama comme nation indépendante et convient que les limites entre elle et la Nouvelle République sont celles fixées par la loi du 9 juin 1855 entre les départements colombiens du Cauca et de Panama.

En considération à cette reconnaissance le Gouvernement des Etats-Unis, immédiatement après la ratification de ce traité, fera le nécessaire pour obtenir du Gouvernement de Panama, l'envoi en Colombie d'un agent diplomatique dûment accrédité pour négocier et conclure avec le Gouvernement de Colombie un traité de paix et d'amitié ayant pour objet non seulement l'établissement des relations diplomatiques entre la Colombie et Panama, mais aussi l'arrangement de toutes les questions pendantes entre elles, économiques ou autres, et le tout sur des bases des principes juridiques universellement reconnus (art. IV).

Tel est le traité Urrutia-Thomson du 6 avril 1914 qui, comme on le voit, est court, clair et simple ; il n'a pas de clauses vagues qui puissent prêter à des conflits dans l'avenir. Le traité, aussitôt connu, a été très bien accueilli par l'opinion publique en Colombie. La clause première dans laquelle les Etats-Unis expriment leur sincère regret pour les événements de novembre 1903 a plu beaucoup. L'indemnité de 25 millions a été considérée comme une compensation suffisante aux dommages immenses soufferts par la Colombie avec la perte de Panama. Beaucoup de chauvins en Colombie — il y en a partout — ont combattu le traité, mais la grande majorité de l'opinion l'a accueilli avec faveur.

Le gouvernement de Mr. Restrepo convoqua le Congrès à des sessions extraordinaires au mois de mai 1914 pour lui soumettre le traité et il a été approuvé à une grande majorité de voix.

Aux Etats-Unis, Mr. Bryan, secrétaire d'Etat, l'a soumis à l'étude du Sénat dès le 11 juillet 1914 dans un beau discours, précis et concluant, très digne de ce grand homme d'Etat. Voici quelques passages de cette péroraison :

« La présente administration exécutive a trouvé un désaccord avec la Colombie, désaccord qui dure depuis plus de dix ans ; et comme les relations normales entre les nations doivent être dans l'amitié, il est à désirer que les différends s'arrangent et que les relations cordiales soient renouvelées... La Colombie a insisté longuement à demander l'arbitrage..., mais il n'est pas conforme à la politique des nations de soumettre à l'arbitrage des questions comme

[illegible] pour la Colombie.
Si plus tard un arrangement n'est pas possible, il
faut en appeler aux négociations directes...». «La
Colombie considère qu'elle a été offensée et quoi
qu'on dise, pour savoir si ce sentiment est juste ou
non, personne ne peut nier qu'elle a souffert une
énorme perte de caractère pécuniaire par la séparation de Panama... Nous ne pouvons pas nier que la
perte totale pour la Colombie dépasse de beaucoup
25 millions de dollars »... « L'approbation de ce
traité avec la Colombie rétablira les relations amicales qui pendant un siècle et avant 1903 existèrent
toujours entre ce pays et le nôtre »... « Plus encore :
l'approbation de ce traité donnera du prestige aux
Etats-Unis dans l'Amérique Latine. Notre nation doit
faire tout pour être juste. Je vais plus loin : elle doit
vouloir être généreuse dans l'arrangement de ses
différends, surtout quand avec cette générosité on
peut augmenter la bonne volonté de plusieurs millions d'hommes qui peuplent l'Amérique Centrale et
Méridionale et avec lesquels nos relations sont
chaque jour plus étroites et plus cordiales » (1).

Malgré les efforts du gouvernement de Mr. Wilson,
le traité n'a pas été jusqu'aujourd'hui ratifié par le
Sénat américain.

---

1. *Boletin del Ministerio de Relaciones Exteriores*, t. VI, n° 5 à
7, p. 3o3 à 3o6.

Plusieurs journaux républicains l'ont combattu alléguant que la clause exprimant des regrets est vexatoire et humiliante pour les Etats-Unis et que l'indemnité de 25 millions est excessive.

Mr. Roosevelt qui s'entête à soutenir que son attitude avec la Colombie en 1903 « fut absolument d'accord avec les principes de la plus haute moralité internationale », ne pouvait pas manquer d'attaquer le traité avec la violence de langage qui lui est coutumière. Il l'a qualifié d'une concession de chantage et il a profité de l'occasion pour insulter par la presse les dirigeants de la politique colombienne en 1903 qu'il a appelés « blackmailers et bandits ! »

Mr. Dubois lui a répondu dans un article publié le 10 juillet par le *New-York Times* dans lequel il fait une belle défense du traité et de la Colombie. Et il est à remarquer comme preuve de l'impartialité du témoignage de Mr. Dubois, qu'il appartient au parti républicain et qu'il admire et reconnaît Mr. Roosevelt comme son *leader* (1).

* *

Le traité du 6 avril 1914 sera-t-il ratifié par le Sénat des Etats-Unis ?

Il paraît qu'il rencontre quelques résistances et

---

1. Voir la traduction de l'article de Mr. Dubois dans *le Boletin del M. de R. E.*, t. VI, p. 293 à 301.

M. Wilson craignant de ne pas avoir au Sénat la majorité nécessaire des deux tiers pour le faire passer s'est
abstenu jusqu'aujourd'hui de le lui présenter. On a
parlé dernièrement de réduire à 15 millions l'indemnité et de ne pas exprimer de regrets.

Mais d'un autre côté la cause de la Colombie
gagne chaque jour de nouveaux adhérents dans la
Grande République, non seulement parmi les démocrates mais aussi parmi les républicains. Mr. Root
l'ancien secrétatre d'Etat, par exemple, est aujour-
d'hui un défenseur convaincu de notre pays. Le
cardinal Gibbons a mis aussi sa haute influence au
service de la cause de la justice. Tous les jours
paraissent aux Etats-Unis des articles, des brochures
et même des livres demandant réparation pour la
Colombie (1). Avec la réélection du grand citoyen
qui a rétabli à la Maison Blanche les pures et nobles
traditions de Georges Washington, la cause de la
Colombie ne peut pas être en meilleures mains.

Quoi qu'il en soit la Colombie a grande confiance
dans l'esprit de justice et de loyauté du grand peuple
américain et elle saura toujours gré au gouvernement
de Mr. Wilson de lui avoir déjà accordé la réparation morale dont elle avait besoin.

1. L'ancien sous-secrétaire d'Etat et grand ami de M. Roosvelt,
M. Huntington Wilson, a publié récemment dans *The Public
Ledger* de Philadelphie, un remarquable article demandant
l'approbation du traité de 1914.

Nous croyons que le grand courant en faveur d'une réparation à la Colombie qui se remarque aujourd'hui chez le peuple américain, est dû beaucoup à l'attitude qu'elle a su garder dans les dernières années. La Colombie ne s'est pas contentée de demander toujours et constamment une réparation pour l'énorme injustice dont elle a été la victime en 1903 ; en profitant des leçons de la dure épreuve, elle a depuis lors clos définitivement le chapitre des guerres civiles, multiplié les écoles primaires et secondaires, modernisé son armée ; elle a construit des milliers de kilomètres de voies ferrées, décuplé ses exportations et ses importations, labourant ses champs et exploitant les richesses de son sous-sol. Elle s'est manifestée devant l'Univers en démocratie saine et éclairée avec des gouvernants qui, par leurs vertus civiques, honoreraient la présidence de n'importe quels pays. Elle a montré que chez elle la vie constitutionnelle et légale est normale et que sous son beau ciel toutes les libertés modernes sont loyalement pratiquées. Certains progrès politiques qui, même pour de vieilles et grandes nations, restent encore des problèmes insolubles, sont aujourd'hui en Colombie une conquête définitive : alternabilité pacifique des partis au pouvoir, représentation proportionnelle des minorités au Parlement, participation de tous les partis dans l'administration.

Que notre Patrie continue dans cette voie et elle

obtiendra complète et pleine réparation de la grande démocratie anglo-saxone. Ce jour-là les restes mortels de Washington et de Bolivar tressailliront de joie dans leurs tombeaux.

CONCLUSION

LES ÉTATS-UNIS ET LA GUERRE
EUROPÉENNE

Au moment où les États-Unis sont venus en 1917
se mettre à côté de l'Entente dans la guerre contre
les Empires Centraux, le Président Wilson a tenu
à prouver que les graves préoccupations de la lutte
mondiale ne lui faisaient pas oublier la réparation
que son pays doit à la Colombie.

Il s'adressa en effet à la Commission des Affaires
étrangères du Sénat américain, lui exprimant le désir
de voir la haute Assemblée approuver le plus tôt
possible le traité d'avril 1914 avec la Colombie (1).

L'Union américaine a mis aujourd'hui toutes ses
forces et ses immenses ressources au service des
défenseurs du Droit et de l'indépendance des petites nations, et le Président Wilson par ses messages
incomparables et par la lucidité qu'il a montrée au

---

1. Note du mois de février 1917.

[...] de Georges Washington est certainement
la plus haute figure morale de la Coalition. Son
désintéressement, son souci de justice et d'équité lui
ont acquis les sympathies et le respect de tous les
hommes libres des deux hémisphères et spécialement dans l'Amérique latine.

En face du terrible drame que nous vivons, la
plupart de ces républiques se posent aujourd'hui la
grave question : « faut-il garder une neutralité béate
ou au contraire faut-il se mettre carrément contre
l'Allemagne avec les États-Unis ? »

En Colombie les deux tendances ont leurs partisans, mais nous croyons que la seconde finira par
s'imposer au pays comme étant la plus conforme à
ses traditions, à ses sympathies et à ses intérêts.

Toutes les sympathies des gens éclairés, à quelques exceptions près, vont naturellement d'abord à
la France, notre vraie mère intellectuelle, et dont
l'influence se fait sentir dans la législation, la littérature, l'enseignement, la politique, les mœurs, la
mode.

La littérature française est très répandue en
Colombie ; la France est aimée et admirée dans tous
les milieux intellectuels, aussi bien chez les traditio-
nalistes et conservateurs que chez les libéraux et
avancés.

Rare privilège du pays des Croisades et de la Révolution, de Voltaire et de Pascal, de Pasteur et de

Renan, de Hugo et de Montalembert. On pourrait
même dire que nous faisons là-bas une espèce d'u-
nion sacrée pour admirer tous les grands Français,
qu'ils s'appellent Georges Clemenceau ou Maurice
Barrès, Paul Bourget ou Anatole France.

Le Code napoléonien est une des bases de notre
législation ; dans les débats au Parlement ou dans
la Presse, on voit toujours l'influence française. Qui
sait si beaucoup de nos guerres civiles n'ont eu
pour véritable cause le désir de réaliser chez nous
quelques-unes des belles chimères de 1789 et de
1848 !

La Grande-Bretagne a aussi de grandes sympathies en Colombie et personne n'oublie les inestima-
bles services que le gouvernement Caning prêta
jadis à la cause de notre émancipation.

Plusieurs de nos plus célèbres hommes d'Etat se
sont formés dans l'étude des institutions de la libre
Angleterre et ont bu dans la grande source de son
parlementarisme.

A la vaillante et admirable Belgique, foulée aux
pieds pour son respect aux traités et pour son culte
à l'honneur, vont aujourd'hui nos vœux et nos
cœurs. Le Roi Albert et le cardinal Mercier apparaissent à nos yeux comme les plus hautes figures de
la plus pure beauté morale.

C'est à la France et à l'Angleterre de savoir profi-
ter de ces sympathies et de prendre en Amérique

latine la place trop grande qu'on avait laissée dernièrement au commerce allemand.

Mais non seulement les sympathies pour les nations de l'Entente conseillent à notre pays de se placer franchement de leur côté dans l'actuel conflit, mais aussi ses vrais intérêts. D'abord les intérêts d'ordre moral : aucune nation n'est aussi intéressée que la nôtre à ce que les traités ne soient pas de simples « chiffons de papier » et à ce que des attentats comme celui de novembre 1903 ou comme celui contre la Belgique en 1914 ne soient plus possibles dans l'avenir.

Les intérêts matériels ensuite : avec le concours américain chaque jour plus considérable et avec la maîtrise des mers, le triomphe définitif des Alliés est plus que certain malgré l'inqualifiable défection russe.

C'est aux États-Unis, à l'Angleterre et à la France que la Colombie peut vendre aujourd'hui ses produits et ce sera dans ces pays où elle pourra trouver après la guerre les capitaux nécessaires pour son développement économique et industriel.

Que notre chère Patrie se range donc décidément à côté de la grande démocratie américaine dans la lutte pour le Droit et la Civilisation, et elle aura une place digne de sa glorieuse histoire dans cette future « Société des Nations » dont l'illustre Dr Wilson est l'un des plus fervents apôtres !

BIBLIOGRAPHIE

Boletin del Ministerio de Relaciones exteriores de Colombia.
Bogota. — Plusieurs années.

Mémoires des Ministres des Affaires étrangères aux Chambres colombiennes. — Plusieurs années.

Chamberlain (Leander T.) — Un chapitre de déshonneur national. Londres, 1912.

Uribe (E.). — Colombia Asuntos Internacionales. Medellin 1913.

Suarez (Marco F.). — Tratado entre Colombia y los Estados Unidos. Bogota, 1914.

Mancini (J.). — Bolivar et l'émancipation des colonies espagnoles. Paris, 1912.

Thomson (N.). — Colombia and the United States, a juridical study of another « Scrap of paper ». Londres, 1915.

Petin (H.). — Les Etats-Unis et la Doctrine de Monroë. Paris, 1900.

Cadena. — Anales Diplomáticos de Colombia. Bogota, 1878.

Uribe (A. J.). — Anales Diplomáticos y Consulares de Colombia. 2 volumes. Bogota, 1900 et 1901.

X. — La Doctrine de Monroë et la politique Roosevelt à Panama. Bruxelles, 1914.

Zubieta. — Congresos de Panama y Tacubaya. Bogota, 1912.

Tabernier. — Les Etats-Unis à Panama. Paris, 1908.

Medina (L.). — Limite Orientale de Panama. Bogota, 1913.

Roz (Firmin). — L'Energie américaine. Paris, 1914.

Scott (W.). — The americans in Panama. New-York, 1913.

Bunau-Varilla (Ph.). — Panama. Paris, 1913.

Ministerio de Relaciones exteriores de Colombia. — Libro Azul. Bogota, 1904.

[illegible]. — [illegible]. Paris, 1910.

— Vie des Présidents des États-Unis d'Amérique. New-York, 1910.

De Witt. — Thomas Jefferson. Paris, 1861.

Fry (G.) — Droit international public. Paris, 1906.

Barclay (Thomas). — La Doctrine de Monroë et le Venézuela. R. D. I. P., XXVIII.

Deberlé. — Histoire de l'Amérique du Sud.

Rebet (J.). — La Transformation de la Doctrine de Monroë. Paris, 1905.

Rapport du Conseil d'administration de la Compagnie Nouvelle à l'Assemblée générale des actionnaires. Paris, 1899.

Keasbey. — The Nicaragua Canal and the Monroë Doctrine. New-York, 1901.

Boutmy (E.). — Éléments d'une psychologie politique du peuple américain. Paris.

Parlamentary Papers. — Washington, 1901.

Biard. — Canal interocéanique du Panama et son régime juridique. Paris, 1902.

Colonel Hains. — Rapport to the Isthmian Canal Commission.

The Story of Panama. — Washington, 1913.

Despagnet. — Cours de droit international public. Paris, 1910.

Revue de Droit international public. — Articles de MM. Vialatte et Rougier, 1903.

Diario Oficial de Colombie. — Plusieurs années.

TABLE DES MATIÈRES

Imp. JOUVE et Cⁱᵉ, 15, rue Racine, Paris — 3072-18

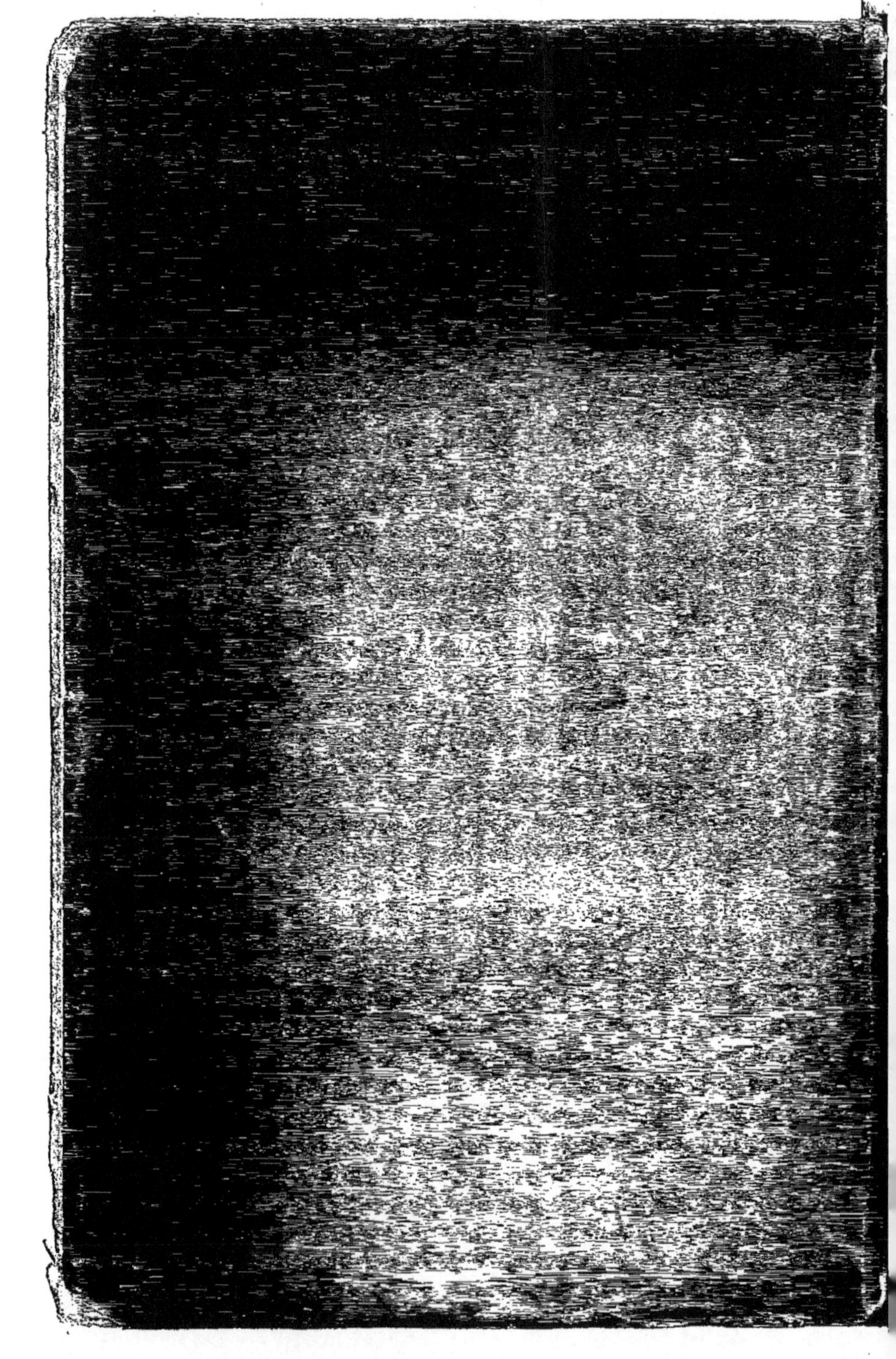